幼儿艺术教育
活动设计与指导

（第2版）

主　编　卢航燕

副主编　石　涛　刘　丽

参　编　樊丽丽　刘蓓蓓　王　宇

　　　　贾慧梅　贾　琳

北京理工大学出版社

BEIJING INSTITUTE OF TECHNOLOGY PRESS

内 容 简 介

本书共分为 10 个单元。前 5 个单元为美术领域，包括幼儿园美术教育概述、幼儿园绘画活动设计指导与实践、幼儿园手工活动设计指导与实践、幼儿园美术欣赏活动设计指导与实践、幼儿园环境的创设与指导；后 5 个单元为音乐领域，包括幼儿园音乐教育概述、幼儿园歌唱活动设计指导与实践、幼儿园韵律活动设计指导与实践、幼儿园音乐欣赏活动设计指导与实践、幼儿园打击乐活动设计指导与实践。

本书可供院校幼儿保育专业学生和学龄前儿童教育、培训从业人员学习使用。

图书在版编目（CIP）数据

幼儿艺术教育活动设计与指导 / 卢航燕主编 . -- 2 版 . -- 北京：北京理工大学出版社，2022.2

ISBN 978-7-5763-1048-1

Ⅰ . ①幼… Ⅱ . ①卢… Ⅲ . ①学前教育－艺术教育－教学参考资料 Ⅳ . ① G613.5

中国版本图书馆 CIP 数据核字 (2022) 第 029304 号

出版发行 / 北京理工大学出版社有限责任公司

社　　　址 / 北京市海淀区中关村南大街 5 号

邮　　　编 / 100081

电　　　话 /（010）68914775（总编室）

　　　　　　（010）82562903（教材售后服务热线）

　　　　　　（010）68944723（其他图书服务热线）

网　　　址 / http：//www.bitpress.com.cn

经　　　销 / 全国各地新华书店

印　　　刷 / 定州市新华印刷有限公司

开　　　本 / 889 毫米 ×1194 毫米　1/16

印　　　张 / 12

字　　　数 / 229 千字

版　　　次 / 2022 年 2 月第 2 版　2022 年 2 月第 1 次印刷

定　　　价 / 75.00 元

责任编辑 / 张荣君

文案编辑 / 张荣君

责任校对 / 刘亚男

责任印制 / 边心超

前　言

　　本书可作为院校幼儿保育专业教材，旨在树立学前教育相关专业学生正确的幼儿园艺术活动教育观，培养学生设计幼儿园艺术教育活动的能力，提高学生开展幼儿园艺术教育活动的职业技能和职业素养。

　　本书立足幼儿园教学岗位需求和保育员岗位需求，汇集了常用和新颖的教学内容。每个主题采用"情境创设—引出理论—案例分析—活动实践—分析评价"的流程进行设置，引导学生学习掌握教学方法，提高教学能力和保育能力。

　　本书具有以下特点：突出案例教学，深入浅出，有效提高学习兴趣和效率；紧扣幼儿园教学岗位需求，理论与实践有机结合；依据最新教学标准，运用前沿理论，涵盖多种教学方法；内容系统而全面，示例图片丰富、生动，实用性强。另外，每单元下设置不同主题，学习目标明确，可操作性强。

　　编写团队在本书的编写过程中力求精益求精，为学生呈现丰富、实用的内容，不遗余力地精心撰写，参考了很多文献资料，但由于水平有限，书中难免存在不妥之处，望广大读者批评指正。

编　者

目录 Contents

单元一 幼儿园美术教育概述

1. 掌握幼儿园美术教育活动的基本理论，树立科学的幼儿园美术教育观。
2. 了解不同年龄段幼儿美术教育活动的特点。
3. 掌握幼儿美术教育活动的组织实施过程。

主题一 美术与学前儿童美术

一、美术

（一）什么是美术

美术是艺术家运用一定的物质（如颜料、纸张、画布、泥土、石头、木料、金属等），通过独特的艺术语言（如线条、形体、构图、色彩等），塑造可视的平面或立体的视觉形象来反映自然和社会生活，并表达艺术家的思想和感情的一种艺术活动。

（二）美术的独特性

1. 造型性

造型性是美术的根本特点。美术是在空间中构成可视、可触的艺术形象，它利用事物的空间特征表达意义，美术形象的存在方式依赖于"空间"。因此，我们习惯称美术为"造型艺术""空间艺术""视觉艺术"。在欣赏时，人们可以从视觉方面感受并理解美术作品。

2. 静止性

静止性是美术的又一显著特点。美术形象反映的是客观世界具体事物的外貌、表情、姿态和动作等在瞬间的状态，不是持续的过程。比如舞蹈、影视和戏剧等艺术也具有造型性，但它们都不是静止的，而是由一连串的动作、表情构成的。美术作品要求作者在创作时，将

各种信息凝聚在一个画面中，作品完成后，所有要素同时存在。

3. 表现手法的特殊性

美术的基本表现媒介和手段是线条、造型、构图、设色。不同美术材料具有独特的特质，不同的线条、形体、构图和色彩也各有意味。若搭配运用得当则能表现丰富、复杂的事物和思想感情。

（三）美术的形式

根据表现形式和功能，美术可分为绘画、雕塑、工艺美术和建筑艺术等形式。

1. 绘画

绘画在美术中最为常见，它是指运用线条、色彩和形体等艺术语言，通过造型、设色和构图等艺术手段，在二维空间（即平面）里塑造出静态的视觉形象，以表达作者审美感受的一种艺术形式。绘画种类繁多，根据地域，绘画可分为东方绘画和西洋绘画；根据工具材料，绘画可分为水墨画、油画、版画、水彩画等；根据题材内容，绘画可分为人物画、风景画、静物画、动物画等；根据作品形式，绘画可分为壁画、年画、连环画、漫画、宣传画、插图等。不同类别的绘画形式，由于历史传统不同，都具有各自独特的表现形式与审美特征，如图1-1~图1-5所示。

图1-1　国画花鸟

图1-2　国画人物

图1-3　油画

图1-4　年画

图1-5　壁画

2. 雕塑

雕塑是雕、刻、塑三种制作方法的总称。这里是指以各种可塑（如黏土等）或可以雕刻（如金属、石料、木材等）的材料制作各种具有实在体积的形象。

雕塑的种类有很多。根据题材和适用环境，雕塑可分为纪念性雕塑、建筑装饰雕塑、城市园林雕塑、宗教雕塑、陵墓雕塑、陈列雕塑。根据表现形式，雕塑可分为圆雕和浮雕。圆雕不附着背景，可以四面观赏，如图 1-6 所示。浮雕则是在平面上雕出凸起的形象，如图 1-7 所示，因形象凸起的程度不同，还可以分为高浮雕和浅浮雕。

图 1-6　圆雕

图 1-7　浮雕

3. 工艺美术

工艺美术与人们的生活密切相关，其审美要素包括造型、色彩、图案花纹、材料质地、加工技艺等通常分为实用工艺和观赏工艺两类。实用工艺是指经过艺术加工的生活实用品，如染织品、服装（图 1-8）、陶瓷器皿、家具等；观赏工艺是指专供欣赏的陈设品，如牙雕（图 1-9）、玉雕、装饰画等。

图 1-8　服装

图 1-9　牙雕

4. 建筑艺术

建筑艺术是指按照美的规律，运用建筑艺术独特的艺术语言，使建筑形象具有文化价值和审美价值、具有象征性和形式美，体现民族性和时代感的一种艺术形式。根据功能性特点，建筑艺术可分为纪念性建筑、宗教建筑、住宅建筑、园林建筑（图 1-10）、生产建筑和宫殿建筑（图 1-11）等类型。总体来说，建筑艺术与工艺美术一样，都是实用性与审美

性相结合的。建筑的本质是人类建造供居住和活动的生活场所，所以，实用性是建筑的首要功能，只是随着人类实践的发展、物质技术的进步，建筑越来越具有审美价值。

图1-10　苏州园林

图1-11　宫殿建筑

（四）美术作品的构成

美术是以一定的物质材料塑造可视的平面或立体形象来反映客观世界和表达对客观世界的感受的一种艺术形式。美术作品的基本构成要素主要包括造型、构图和色彩。

1. 造型

造型是指用线条和块面等组成画面形态的物体外部形象。造型的要素主要有点、线、面、体块与空间、光与色、质地。我们必须认识和了解造型要素及其功能。

（1）点：最小的视觉单位，包括各种不同形状的点，运用点的组织，产生疏密有致的变化，富有节奏感。

（2）线：可视为点运动的痕迹，有方向和运动感，可以表达情感、限定形状、表现质地和描绘阴影。

（3）面：由长度和宽度构成的平面形，可以分为几何形和自由形两大类。

（4）体块与空间：体块是由长度、宽度和深度构成的主体形。空间是指物体间的远近层次关系和包容关系。例如，雕塑是具有实在体积的空间，而绘画艺术则是在平面上创造体块与空间的幻觉。

（5）光与色：有光才有色，色彩的正确表现能使画面具有真实感，不同倾向的色彩还能带给人们不同的视觉和心理感受。

（6）质地：物体表面的触觉型及其视觉表现。

2. 构图

构图是绘画的重要手段之一，是指创造者在一定的空间范围内，对自己表现的形象进行组织安排，形成形象的部分与整体之间、形象与空间之间的特定的结构形式。常用的构图方法有水平线、垂直线（图1-12）、对角线、S形、V形、三角形（图1-13）、圆形、半圆形等。创作绘画时很少运用单一一种构图方式，通常将几种方法结合起来使用。

图 1-12　垂直线构图方法

图 1-13　三角形构图方法

3. 色彩

色彩是绘画的一种基本要素，它能够真实表现客观事实，描绘现实生活。色彩又是重要的绘画语言，其非凡的表现能力会通过呈现的状态影响人的整个生命机能和心理，正如画家塞尚曾经说过的一句话："只有色彩是真实的……它能使万物生机勃勃。"如图 1-14 所示，董永建的《向日葵》运用了明快的色彩，用笔厚重粗狂，画面明朗干净，细节和色彩丰富而有内涵，技法和情感完美融合，大大提升了作品艺术欣赏的品味；如图 1-15 所示，杨云飞《窗外的阳光》中光线、色彩柔和生动、画面细腻丰富，给人十分真实的感受。

图 1-14　《向日葵》

图 1-15　《窗外的阳光》

中国十大传世名画

二、学前儿童美术特点

（一）什么是学前儿童美术

学前儿童美术是指 3~7 岁的幼儿所从事的美术创作和欣赏活动，是幼儿表达内心活动的一种方式，反映了幼儿对周围现实生活的认识和体验。

（二）学前儿童美术创作的一般特点

1. 学前儿童美术创作的主要倾向为写实

学前儿童的作品包括人物和故事情节，甚至由于技能的限制，他们无法画出清晰可辨的形象时，就会用语言补充，完成对形象和事件的再现。

学前儿童美术创作倾向写实一侧的中间形态，利用再现、想象、装饰相融合为其突出特点。学前儿童美术创作虽然以写实为主要倾向，但并不是纯粹的写实。他们在画眼前的或者记忆

中的事物时，都会加上自己的想象，而画抽象的事物时又会把自己的经验融入其中。

2. 学前儿童美术创作呈现出不断发展的年龄特点

从绘画作品中可以看出，幼儿的年龄越小，画面中的想象越简略。随着幼儿年龄的增加，绘画中逐渐呈现出复杂、丰富、细化、个性化的特点，具有阶段性的年龄特点，如图1-16~图1-19所示。

图1-16　幼儿绘画示例1

图1-17　幼儿绘画示例2

图1-18　幼儿绘画示例3

图1-19　幼儿绘画示例4

三、学前儿童美术欣赏

欣赏的实质是交流和共鸣。幼儿美术欣赏在搭建幼儿与外界、艺术家及同伴交流平台的同时，也为幼儿提供了丰富的素材和灵感。

1. 审美倾向与注意

幼儿的欣赏具有选择性和倾向性。幼儿的眼睛偏爱那些与他们的生活经验、性格特点接近的东西，这是幼儿在欣赏上的共同点。例如，以欣赏作品为例，年龄小的幼儿会比较注意活泼可爱的小动物形象，年龄大一些的幼儿则会选择与他们年龄相近的人物形象。

两三岁的幼儿在欣赏作品时，感知与认识的对象都是单个物体。例如，在观看画册时，他们能说出单个的动物名称或物体名称，却分不清画面中形象之间的联系。四五岁的幼儿能看出少量物体或形象之间的简单关系，但他们不会把事件与环境相联系。如果作品反映的事物与生活相近，他们就能概括出简单的情节片段。例如，他在跑，他在踢球，等等。

六岁的幼儿大都能看出人物、事件、情景之间的特定关系，而且能连贯地描述。例如，他们能说出人物出生在什么地方，是什么样的人，具体在做什么，甚至包括在什么时间。欣赏作品的时候，他们还能看出画面形象的空间关系，例如，什么在前、什么在后，哪些远、哪些近，等等。

2. 美感特点与表现

（1）幼儿的美感与良好的情绪体验相联系。在积极的情绪下，幼儿容易对事物产生美感。

（2）幼儿的美感较为表浅。由于幼儿的年龄小，知识经验不足，往往因事物的外在明显特征产生美的愉悦。例如，幼儿喜欢鲜明、艳丽的颜色，对色调的协调性不敏感，如图 1-20 和图 1-21 所示。如果没有审美教育的影响和教师的指导，幼儿只会运用几种现成的纯色描绘，而不会调配颜料涂出深浅和色调变化的色彩，让画面产生比较细腻的美感。

（3）幼儿对美的感受具有行动性的特点。幼儿在感受事物时，总喜欢看一看、摸一摸、听一听、闻一闻，通过多种感官和活动的探索得到美感。例如，当看到图画中美丽的娃娃时，幼儿就想亲一亲。幼儿在欣赏美时，总会有一定的动作相随，具有行动性的特点，如图 1-20 和图 1-21 所示。

图 1-20　幼儿欣赏美 1　　　　　图 1-21　幼儿欣赏美 2

1. 美术作品的构成要素有哪些？
2. 学前儿童美术创作有什么特点？

主题二　幼儿园美术教育活动特点

一、幼儿园美术教育活动目标

（一）幼儿园美术教育活动目标的分类

结合布鲁姆的教育目标分类论、美术学科本身的性质特点，以及我国幼儿美术教育的实践，幼儿美术教育活动的目标可分为认知目标、情感目标、技能目标和创造性目标。

1. 认知目标

幼儿在美术活动中，对美术操作材料和工具、美术语言、创作方法等方面的认识。

2. 情感目标

激发幼儿对美术活动的兴趣，有愉快的情绪体验和美好的情感。在兴趣的引导下，幼儿能主动学习、提高，进而形成健全的人格。

3. 技能目标

幼儿在美术活动中学习有关创作的技能、学习的策略。同时，还应注意由浅入深、循序渐进。培养幼儿具备初步的美术观察力、感受力、想象力和创造力，并掌握简单的美术技能。

4. 创造性目标

鼓励幼儿大胆地表现自己的经验、情感和想象力。把表现经验、情感和想象力作为幼儿园美术教育的目标，注重美术所表现的内容，把美术表现作为幼儿的一种表达方式和幼儿的另一种语言。

（二）幼儿园美术教育活动的总目标

幼儿园美术教育活动的总目标规定了幼儿审美心理结构中审美感知、审美情感和审美创造等基本能力。首先，审美能力的培养应该从审美感知能力入手，因为审美创造所需的内在图式与内在情感的积累，是通过感官对外部自然形式和艺术形式的把握来完成的。其次，幼儿通过美术欣赏和美术创作活动，能产生审美愉悦感，丰富审美情感体验，最终促进幼儿人格的完善。最后，在幼儿园美术教育活动中，审美创造能力的获得，会进一步促使幼儿审美感知敏锐以及使审美情感丰富。

总目标还指出了达到以上目标的途径，即通过教师引导幼儿对周围环境和美术作品的欣赏，幼儿在美术活动中自由自在的表达，以及幼儿对美术工具和材料的操作，对线条、形状、色彩、构图等美术形式语言的学习与使用来进行。

（三）幼儿园美术教育的年龄阶段目标

在进行幼儿园美术教育活动时，教师要根据不同的活动内容及不同的教育对象细化各年龄阶段绘画、手工、欣赏活动目标，如表 1-1~ 表 1-3 所示。

表 1-1　各年龄阶段绘画活动目标

目标 \ 年龄阶段	小班（3~4 岁）	中班（4~5 岁）	大班（5~6 岁）
认知目标	（1）初步认识绘画的工具和材料。 （2）学会辨别红、黄、蓝、绿、橙等几种基本的色彩，并能说出名称。 （3）学会辨别和感受直线、曲线、折线及各种线条的变化	（1）能较准确地把握形状的基本结构，理解形状符号的象征意义。 （2）认识常见的固有色彩，并能说出它们的名称	（1）认识单个物体的整体结构。 （2）增加配色意识，提高对颜色变化的辨析能力。 （3）知道运用不同的绘画工具和材料，能表现不同效果的作品
情感目标	培养儿童对绘画的兴趣，能愉快大胆地作画	能用自己独特的绘画语言表达自己的想法和感觉	在安排画面的过程中逐步体会对称、变化等形式美
技能目标	（1）学会使用蜡笔、水彩笔、棉签等工具进行涂染。 （2）能画出直线、曲线、折线，并能表现线条的方向、粗细、疏密。 （3）学会用圆形、正方形、长方形、三角形等简单图形表现物体的轮廓特征	（1）学会运用图形组合的方法，表现物体的基本部分和主要特征。 （2）会选择与物体相似的颜色，初步有目的地设色、配色。 （3）能围绕主题安排画面，能表现出物体的上下、左右位置	（1）能画出单个人物或动物的大概形象。 （2）能运用对比色、相似色、同种色等多种配色方法，注意色彩的整体感与内容的联系。 （3）能有目标地安排画面，表现一定的情节，并变化多种安排画面的方法
创造目标	（1）能在涂抹过程中把画面画满。 （2）初步学会用图形和线条组合创造各种图式	能大胆地按意愿作画	（1）能将图形融合，尝试用轮廓线创造多种图画，形成自己的图式。 （2）综合运用多种绘画工具和材料进行绘画创作

表 1-2　各年龄阶段手工活动目标

目标 \ 年龄阶段	小班（3~4 岁）	中班（4~5 岁）	大班（5~6 岁）
认知目标	（1）初步熟悉泥工、纸工等材料、工具。 （2）了解泥的可塑性质。 （3）了解纸的性质	进一步熟悉泥工、纸工及自制玩具的工具和材料	（1）了解各种纸张的不同性质，知道不同性质的纸张具有不同的表现效果。 （2）对自制玩具的材料加以分类，以获得选择、收集这些材料的经验
情感目标	通过玩泥、撕纸等活动，体验手工活动的快乐	通过泥工、纸工及自制玩具的活动来积极进行手工作品创作，并培养对手工活动的兴趣	（1）体验综合运用不同手工材料制作作品的快乐。 （2）喜欢用手工来表达自己的想法和情感

年龄阶段 \ 目标	小班（3~4岁）	中班（4~5岁）	大班（5~6岁）
技能目标	（1）掌握泥工中团圆、搓长、压扁等基本技能。 （2）学习撕纸、粘贴，初步撕出简单形状并拼贴成画。 （3）初步学会用自然材料（豆子、树叶）拼贴造型；学会用印章、纸团、木块等材料，蘸上颜色在纸上敲印	（1）能正确使用剪刀剪出方形、圆形、三角形及组合形体，并拼贴成画。 （2）掌握基本的折纸技能，能折出简单的玩具。 （3）学习用泥塑造出物体的基本部分和主要特征。 （4）掌握撕纸的基本技能，撕出简单的物体轮廓	（1）用泥塑造人物、动物等较复杂结构的形体，能表现物体的主要特征和细节。 （2）能集体分工合作塑造群像，表现某一主题或场面。 （3）能用各种纸张制作立体玩具。 （4）能用无毒、安全的废旧材料制作玩具并加以装饰
创造目标	能大胆地运用印章、纸团、木块在纸上按意愿压印	能大胆地运用泥按意愿塑造；能大胆地用纸按意愿撕、剪出各种物体轮廓	能综合运用剪、连接等技能，独立设计制作玩具

表1-3　各年龄阶段美术欣赏活动目标

年龄阶段 \ 目标	小班（3~4岁）	中班（4~5岁）	大班（5~6岁）
认知目标	从自然景物、艺术作品中能享受到视觉艺术的美	通过欣赏作品，了解作品的主题和基本内容	通过欣赏，了解作品的形状、色彩、结构等美术要素；了解作品的表现手法、艺术风格和创作意图
情感目标	（1）喜欢观看、欣赏艺术作品；对美术作品、图书中的各种形象艺术感兴趣。 （2）初步体验作品中具有不同"性格"的线条。 （3）通过欣赏老师及同伴的作品培养对欣赏的兴趣	（1）能体验作品中线条、形状、色彩、质地等。 （2）通过欣赏产生与作品相一致的感受	喜欢各种不同风格的美术作品
技能目标	初步学会运用线条表现力度感、节奏感	（1）感受作品的色彩变化及相互关系。 （2）感受作品中形象的鲜明性和象征性，并体验其情感。 （3）感受作品的构成，体验作品的对称、均衡、节奏	（1）能感受作品的色调、色彩之间的变化。 （2）能感受作品中形象的象征性、寓意性。 （3）能感受作品中的形式美
创造目标	初步运用动作、表情等表达自己欣赏后的感受	通过欣赏，说出自己喜爱或不喜爱作品的理由，并对作品做简单评价	在欣赏和评价他人的作品时，能讲述自己独特的观点

（四）幼儿园美术教育活动的具体目标

1. 活动目标要符合幼儿的发展水平

教师制定的目标要考虑本班幼儿的实际情况和水平，根据幼儿的实际情况制定具体活动目标，从而使幼儿在活动中有所发展。

2. 活动目标要注意整合性

教师所制定的目标要促进幼儿的全面发展，而目标的确定要考虑认知、情感、技能、创造四个方面。另外，目标的确定还要考虑美术与其他教育领域的整合。教师要根据教学内容的特点充分挖掘活动的价值。

3. 活动目标要具体、有可操作性

教师在确定目标时要准确，忌泛泛而谈，必须做到具体详细，目标越具体，可操作性越强。

4. 活动目标的制定和撰写角度要适宜

教师在制定和撰写活动目标时，主语和表达要前后一致。教师要考虑幼儿是教育的主体，教师是活动的引导者，要从幼儿角度来阐述活动目标。

二、幼儿园美术教育活动内容

幼儿园美术教育活动内容大致分为欣赏、绘画和手工制作三大类，见表1-4。各项活动内容相应的实施目的实质在于促进幼儿的情感、认知与能力三个方面的发展。

表1-4　幼儿园美术教育活动内容

阶段	欣赏	绘画	手工制作
小班	关注独立的物体与形象，从背景中分离出欣赏对象，将注意力集中于对象。 识别指认对象，知道对象的名称。 以语言、动作表达欣赏作品时的心情	参加绘画活动，体会绘画的乐趣，培养绘画的兴趣，大胆作画。 认识油画棒、蜡笔、水彩笔、水粉笔和画纸，掌握基本使用方法，养成正确的握笔和绘画习惯。 学习画线（直线、曲线、折线）和简单形状（圆形、方形等），进而能够画出熟悉物体的大致轮廓。 认识红、黄、蓝、橙、绿、棕、黑、白等颜色，能用多种颜色作画，培养对色彩的兴趣。 能将形象画大一些，均匀地分布在画面上	尝试操作各种制作工具材料，并从中得到乐趣。 养成安全、卫生、整洁的工作习惯。 学习撕、拼贴、折（对边折、对角折）等技能，能进行平面材料的手工制作。 体验泥的柔软可塑性，学习搓、团圆、压扁、黏合的技能，会进行简单形体的塑造
中班	关注周围环境和美术作品中物体与形象的不同特征。 觉察物体与形象在形体、色彩方面的突出特点，感受其有趣之处。 以语言、动作和作品描述、模仿、欣赏对象的突出特点，并表达感受到的趣味	在小班的基础上学习更多的绘画方法（蜡笔水粉画、签字笔画、水墨画等），并从中获得愉快的体验。 学习用不同的线条和形状表现出物体组成部分和它们的特征。 认识12种颜色并学会辨别颜色的深浅，尝试用较丰富的色彩作画。 学习按上下、高低空间关系安排画面，区分出主体与背景	接触更多的制作工具材料，喜爱各种制作活动。 用比小班复杂的点状材料（木屑、纸屑、泡沫屑）、具有现成形状的材料和自己剪出的图形粘贴简单形象。 在小班的基础上学习按中心线折、双正方形折、双三角形折等，用纸折叠简单形象。 用捏的方式塑造出形象的细节。 学习用各种不同形状的自然材料和废旧物品进行综合制作

阶段	欣赏	绘画	手工制作
大班	关注所处环境和美术作品中事物的变化与联系。 认识、感悟事物之间有趣、有意义的关系。 由所认识与感悟的事物关系联想类似的情景，以不同的艺术形式表现出来	使用更多种类的工具材料和技法表现自己的独特经验和感受，体验创造的乐趣。 表现事物的动态情节。 学习对颜色深浅、冷暖做简单搭配，尝试根据表现的需要选配颜色。 学习用立体的方式安排画面形象，表现物体的空间关系	根据需要选择和使用手工工具和材料，巧妙地制作与表现。 利用材料的形状、颜色、质地等特点进行剪切与拼贴。 用更多的技法折叠出组合的形象和群像。 用伸拉、接合、辅助材料进行泥塑，塑造出形象的动态并组合成有情节的群像。 综合运用工具、材料和技法进行制作，并加以装饰

三、幼儿园美术教育活动特点

幼儿美术教育最终要通过幼儿自身的内化才能对其发展起促进作用。幼儿美术教育活动必须符合幼儿美术发展的规律和年龄特点。幼儿园美术教育活动的特点包括以下内容。

1. 贴近幼儿生活

幼儿美术活动的内容来源于他们的生活和生活经验。教师所选择的美术教育内容要结合幼儿的现实生活和幼儿的兴趣，这样容易被幼儿直接感知和接受。

2. 具有联系性

美术活动的安排不是一成不变的，同种美术活动内容之间是具有纵向联系的，不同种类的美术活动之间是具有横向联系的。

3. 具有整合性

幼儿园教育的目标是促进幼儿全面发展，各个领域之间应相互渗透，从不同角度促进幼儿情感、能力、知识、技能等方面均衡发展。幼儿美术活动会渗透在语言、社会、科学、健康、音乐等领域的活动中。这样的整合可以帮助幼儿建立起各种学习内容之间的内在联系，使美术活动成为幼儿学习兴趣和学习经验的延伸表达。

4. 具有灵活性

内容的灵活安排、活动的有效开展，能更好地激发幼儿表现和创造的欲望，使幼儿在美术活动中得到情感升华，从而对活动产生兴趣和信心。美术教育的内容要注意根据不同地区、不同时间、不同场合灵活安排。

5. 具有审美性

幼儿美术活动要选择符合幼儿审美标准的内容，使幼儿充分感知，发展和丰富幼儿的审美情感，让幼儿感受世界的美丽，进而健全和完善幼儿的人格。比如，在进行主题为"春天"

的美术活动时，老师可以带幼儿到大自然中触摸、观察、闻一闻，如图1-22和图1-23所示，充分感知春天的美，继而进行绘画创作。

图1-22　观察大自然

图1-23　闻一闻大自然

1. 幼儿园各年龄阶段美术教育活动的目标分别是什么？

2. 幼儿园美术教育活动内容有哪些？

主题三　幼儿园美术教育活动的组织实施

一、幼儿园美术教育活动的指导原则

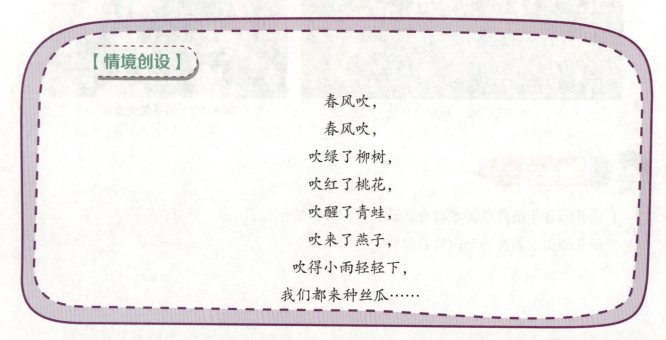

【情境创设】

> 春风吹，
> 春风吹，
> 吹绿了柳树，
> 吹红了桃花，
> 吹醒了青蛙，
> 吹来了燕子，
> 吹得小雨轻轻下，
> 我们都来种丝瓜……

春回大地，万物复苏，让我们拿起手中的画笔，描绘美丽的春天吧！在幼儿园，我们应该如何开展美术教育活动呢？在美术教育活动中应遵循哪些指导原则呢？

幼儿园美术教育活动应根据美术教育自身的特点、幼儿园美术教育的目的、幼儿身心发展的特点，确定符合规律的原则。幼儿园美术教育活动的指导原则是幼儿园整体美术教育过程中必须遵循的基本要求和指导原则。

1. 操作原则

在一次纸工活动中，教师让孩子们制作小玩偶。教师简单地讲解了基本制作方法，提供了不同的制作材料，并告诉孩子们可以用不一样的方法来做，之后就放手让孩子们发挥想象力并动手操作。有的孩子把纸头卷起来做成玩偶的鼻子，把纸片撕成条状拼贴成玩偶的嘴巴，用自己喜欢的彩纸剪成玩偶的细头发丝；有的孩子用废旧的广告纸撕成长条并缠在一起稍加扭卷来做玩偶的头发，再给玩偶做漂亮的发箍；有的孩子用一张广告纸直接卷成圆筒状，装饰玩偶的头发；有的孩子把广告纸用手撕开再扭转起来给玩偶当发箍；还有的孩子剪出玩偶的紫色的眼睛来……孩子们选择了不同颜色的材料来做，由于制作方法不同，选择的彩纸的颜色不同，这次制作出来的作品各具特色。孩子们欣喜地拿着自己与众不同的作品，围在教师身边与同伴交流着各自的制作方法，开心极了！

创造源自手指间的操作。《幼儿园教育指导纲要》在艺术领域教育的内容与要求中明确指出，要"指导幼儿利用身边的物品或废旧材料制作玩具、手工艺品等来美化自己的生活或开展其他活动"。因此，美术操作活动以它的艺术性、创造性、操作性等特点，成为开发幼儿创造潜能的重要活动形式之一。美术操作活动可以满足幼儿动手摆弄的欲望，提高幼儿手、眼、脑的协调能力。在操作活动中，提供多种多样的材料并采用合适的方法指导是培养和开发幼儿美术创造力的基础。幼儿在操作过程中寻求探究的乐趣，在材料运用中保持对美术活动的热情，进行独有的创造力开发。在实践中，要为幼儿创设可操作性强的环境，也要根据幼儿发展水平的不同，投放不同水平的可操作材料，培养幼儿的动手能力。在这样的环境中，幼儿可以根据自己的水平与爱好用自己的方式来进行美术创作，然后教师再引导幼儿进行大胆的操作和尝试。

2. 游戏原则

在一次手工课中，为了激发幼儿的表达兴趣和创作欲望，教师生动地讲述了《三只蝴蝶》的故事，孩子们被故事深深地吸引、打动，我顺势引导他们："你们想不想表演这个故事呢？你们想不想一起动手，做出可爱的蝴蝶和美丽的花朵呢？"孩子们异口同声地大声说："想呀！"于是，一节妙趣横生的手工课开始了。在整个过程中，幼儿充分发挥想象力和创造性，把红、黄、白等卡纸剪成条状，用双面胶把不同颜色的纸条做成蝴蝶的翅膀；把纸杯变成红花姐姐、黄花姐姐、白花姐姐；把银色的纸剪成条，粘在扇子上变成雨；在太阳帽上粘上彩色的吸管做成了太阳。如图1-24所示，当孩子们用自己动手做的道具进行《三只蝴蝶》故事表演时，特别陶醉和高兴！

图1-24　《三只蝴蝶》故事表演

好奇、好动、好玩、爱做游戏是幼儿的年龄特征，也是幼儿的天性。陈鹤琴先生说过："游戏是儿童的心理特征，游戏是儿童的工作，游戏是儿童的生命。"陈鹤琴先生还说过："游戏是一种符合幼儿身心发展要求的快乐而自主的实践活动。"从某种意义上说，幼儿的能力大多是通过游戏获得的。幼儿时期的美术活动，是他们进行的游戏，也是用来进行交流、表达认知、抒发情感的工具。将游戏贯穿于美术教学活动，既符合幼儿身心发展的水平与学习特点，也有利于幼儿健康快乐地成长，更能培养幼儿对美术活动的兴趣。表演游戏、结构游戏、角色游戏是孩子们最喜爱的三大游戏，把美术活动融入三大游戏（图1-25）中，让快乐与创意自然地交融。挖掘其中的美术元素，将其变成美术活动，孩子们一定会乐于参与其中的，如表演游戏、结构游戏、角色游戏的场景布置和角色装扮，以及角色游戏中的道具加工等游戏环节都可

图1-25　美术活动融入三大游戏

以变成美术游戏。运用生活材料开展有趣的色彩游戏，能激发幼儿对美术活动的兴趣；利用游戏化的创作方式，能让幼儿享受美术创作的乐趣；使用游戏化的指导语，能引导幼儿进行彰显个性的美术创作；利用游戏化评价，能调动幼儿的创作热情。游戏与美术活动紧密结合，满足了幼儿喜欢游戏的天性，激发了幼儿参与活动的兴趣，促使幼儿主动参与到美术活动中，发挥想象力和创造力，营造出了一种愉悦的活动气氛。

3. 创造原则

在一次绘画活动中，孩子们拿着水彩笔，尽情地描绘着自己喜欢的小动物。很快就有孩子画出了小鸡、小狗、青蛙等，依依却还在"埋头苦干"。教师好奇地走过去，发现依依正在画熊耳朵。她托着下巴想了想，把熊的耳朵左描描、右画画，最终，尖尖的熊耳朵完成了，她有点得意。这时，小帅走了过来："不对，你的熊耳朵怎么是尖尖的？熊耳朵是圆圆的。"依依说："不对，故事里说小熊都是竖起耳朵仔细听音乐，圆耳朵怎么能竖起来呢？"在依依的绘画活动中，我们看到了富有创造性的想法和做法，她没有按照惯常的思维去画小熊的圆耳朵，而是想象小熊在认真地聆听美妙的音乐时，它的耳朵就会竖起来、尖尖的，并且将这一独特的想法用绘画表达出来，充满童趣和个性。这种表达可能与现实有一定距离，可能不是最标准的，但却是与众不同的。孩子们的生活环境和思维习惯不同，即使是相同的主题，他们选择的内容和表达方式也不尽相同，这种不同往往包含了孩子们对身边事物的特别理解和独特表达，这正是美术创作所追求和向往的创造性！

爱因斯坦说过："想象力比知识更重要。因为知识是有限的，而想象力概括着世界上的一切，推动着进步，并且是知识进化的源泉。"创造是美术活动中最重要、最具有价值的因素。发挥创造性的想象和探索不同的表现方法，应成为幼儿美术活动的灵魂内容，让孩子们在美术活动中大胆和自由地表达对世界的认知，使他们的想象力和创造力能够尽情发挥（图1-26），情绪、情感、思想得到无限释放和表达。教师应透过美术作品了解幼儿的内心世界，对幼儿进行引导启发和鼓励赞美，尊重幼儿带有个性特点的表达行为，保护幼儿的大胆想象和独特创造，让他们翱翔在自由和宽松的美术世界中！

图1-26 发挥想象力

4. 生活原则

有一次，诺诺小朋友带来一个蛋糕盘，教师把它装饰成了一个钟表放在美工区。孩子们看到后纷纷围上来说："老师，这蛋糕盘我家也有。""我家也有。"孩子们兴高采烈地议论开了。有的说我家有可乐瓶，有的说有吸管、毛线、纸袋、鹅卵石等。教师抓住时机，鼓励幼儿收集各种废旧材料，比一比谁收集得多，然后，教师带领幼儿一起制作玩具。孩子们立即忙得不亦乐乎，每次进园时都不忘带一两件自认为好玩的东西，美工区一下子变成了"聚宝城"（图

1-27），使教师惊叹不已。对自己收集来的每件材料，孩子们都像介绍宝贝似的，逢人就说这是谁带来的，可以做汽车模型；那是谁带来的，可以贴成漂亮的房子。有的还边说边动手制作。收集生活中的各种材料，不仅增强了孩子们的环保意识，培养了节约的习惯，还进一步丰富了幼儿动手操作所需的生活化材料。对于自己收集来的材料，孩子们会格外珍惜，并更

图1-27　美工区变成"聚宝城"

加乐于探索，充分展开丰富的想象，摆弄废旧材料，大胆进行造型或装饰操作，孩子们的创造欲望得到了满足。

艺术来源于生活，却又高于生活。幼儿本能地对周围环境和生活中美好的事物产生兴趣，教师要善于发现幼儿的兴趣，根据幼儿已有的经验，组织幼儿开展生活化的美术活动，激发他们创造美的情趣。教师还要通过内容的生活化、环境的生活化、材料的生活化等活动策略，引导幼儿运用多种美术手段表现周围的生活世界。让幼儿动起来，感受生活、融入生活，获得美的体验，形成自然、真实的审美情趣。另外，还要注重让幼儿审美情趣回归幼儿生活，回归真实世界，回归幼儿自我。强调让幼儿学会生活、热爱生活，珍惜所拥有的一切美好事物，认识自己的能力，愉快地创造和表现，展示自身价值，健康、快乐地成长。

学前儿童美术活动的组织与实施

二、幼儿园美术教育活动的设计与组织实施

【案例1-1】

大班手工制作：纸杯朋友

（一）活动生成及设计意图

一次性物品给人们带来了极大的便利，但是随便丢弃这些物品又造成资源的浪费和环境的污染。一次性纸杯用过后是留是扔，小朋友曾有过激烈的争论，最后老师和小朋友讨论后达成共识：把纸杯放在美工角，用于手工制作。《幼儿园教育指导纲要》指出，要"指导幼儿利用身边的废旧材料制作玩具、手工艺品等来美化自己的生活或开展其他活动"，正是基于这一要求，我们设置了"纸杯朋友"这个手工制作活动。活动中的两个纸杯是在一起快乐游戏的伙伴。在活动中，我们鼓励幼儿根据情境进行大胆创作，既培养了幼儿动手、动脑能力，又培养了幼儿的创新意识；让幼儿体验到变废

幼儿园小班美术课"妈妈的头发"

为宝的乐趣和好朋友相互眷恋的情感，既贴近幼儿的生活，又有助于拓展幼儿的经验和视野。

（二）活动目标

（1）会运用各种工具进行剪、贴、绘画、涂色来装饰纸杯，增强动手能力，增强肌肉的灵活性和协调性。

（2）能介绍自己并评价他人装饰的纸杯，培养自主探索、合作学习的习惯和语言表达能力。

（三）活动准备

（1）经验准备：对一次性纸杯有初步的了解。

（2）物质准备：相关课件、音乐、收集的一次性纸杯、别针、剪刀、双面胶、彩笔、各种边角材料若干。

（四）活动过程

1. 感知与体验，创设情境引入课题

（1）播放课件：两个好朋友在一起快乐地玩耍，流着眼泪不愿离去："我会想你的。"他们向小朋友求助："你们能帮我们想想办法，让我们永远一起玩吗？"

（2）幼儿进行讨论，出主意。教师巡视教室，随机评价，请两到三个小朋友把自己的想法讲给全班小朋友听。

2. 探索与发现，引导幼儿观察，学习和参考装饰方法，构思自己的方案

"老师也想出了一个好办法，用这些纸杯来个'超级变变变'。（出示一个范例）你们看！原来只要动动脑、动动手，纸杯就能变成这么漂亮的东西，真是太神奇了！我们一起看看是怎么做出来的吧。"

（1）引导幼儿观察动物或人的头部的制作要做好的关键四步。

（2）启发幼儿制作不同的动物或人物，重点要通过在头上剪、贴、画来体现；表情要在脸上体现；姿态动作要在身体装饰上体现。观察边角材料的利用，启发幼儿根据自己的喜好，创新地利用各种边角材料。鼓励幼儿大胆发挥想象力，思考如何展现自己最喜欢的动物的主要特征。

3. 创作与表现，幼儿装饰纸杯，教师巡视指导（播放背景音乐）

（1）重点指导幼儿装饰头部的方法，启发幼儿大胆创作，多利用边角材料，制作出自己喜欢的动物或人物。

（2）提醒幼儿注意操作安全。

4.欣赏与评议，展示作品，体验关爱

（1）幼儿两两对话，介绍和评价自己和对方的作品，教师巡视指导，如图1-28所示。

幼儿介绍自己的作品是用什么边角材料装饰制作的，好的地方在哪里，不足的地方在哪里；自己认为小朋友装饰的作品好在哪里，不足在哪里；自己想对纸杯说什么。

图1-28 幼儿介绍自己的作品

（2）全班推荐两至三个小朋友展示自己的作品。

（3）教师小结。

小朋友都很能干，将用过的纸杯变得这么漂亮，使好朋友又能天天在一起了。其实，我们身边还有很多被丢弃的东西，以后我们大家一起慢慢收集，动手做一做，把它们也变成好玩的"宝贝"，好吗？

（五）活动延伸

小朋友将自己装饰的纸杯带回家，向父母等家人介绍。告诉家人访问幼儿园的网站就可以看到这次活动的情况，并与家人一起收集家里可用于制作的废品，共同制作一件好玩的东西。

（六）效果分析与反思

活动内容贴近幼儿生活，关注幼儿兴趣点。整个活动由"情"和"境"贯穿，让幼儿在激发制作欲望、好奇观察、热烈讨论、大胆构思、认真制作、体验关爱、积极表达的过程中较有创意地完成了作品。在这一过程中，教师注重幼儿学习过程体验，适时点拨，突出幼儿在活动中的主体地位，尽可能让他们玩得开心，较好地达成了活动目标。

幼儿园中班美术课"多彩的纸巾"

通过分析本次活动的设计，我们可以总结出幼儿美术教育活动设计和实施的相关基础知识。

（七）幼儿美术教育活动设计的一般环节

幼儿园美术教育活动的设计一般包括选择内容、制定目标、活动准备、活动过程（包括活动延伸）、活动反思五个环节，它既是幼儿美术教学活动的设计环节，也是一份完整的教学方案所应具备的五方面内容。

（八）幼儿园美术教育活动的组织实施

1.幼儿园美术操作活动的组织实施

美术操作活动是幼儿园美术教育中的基本活动，包括绘画和手工活动，美术欣

赏活动也常常会伴随各种操作活动。一般来说，幼儿园美术操作活动组织实施的过程主要包括感知与体验、探索与发现、创作与表现、欣赏与评议等基本环节。

2. 幼儿园美术欣赏活动的组织实施

美术欣赏是幼儿园美术教育活动的一个重要组成部分，其目的是加深幼儿对美术作品的理解，提高和培养幼儿的审美意识和审美能力。欣赏活动可以与相应的操作活动相结合，使整个活动有静有动，有视觉体验也有操作经验，这样，欣赏带动了创作，创作又反过来加深欣赏的体验，二者互相促进、相得益彰。一般来说，幼儿园美术欣赏活动主要包括整体感受、形式分析、再次整体感受、创作与表现等基本环节。

幼儿园大班美术课"神奇的纸筒"

三、影响幼儿园美术教育活动效果的因素

【情境创设】

秋天到了！秋天是一个多彩的季节，通过捡落叶活动，帮助孩子们认识不同的树叶，红色的枫叶、黄色的银杏叶、墨绿色的香樟树叶。秋天还是一个收获的季节，五谷丰登，硕果累累。秋天到了，秋风一起，树叶宝宝纷纷离开了树妈妈；秋天到了，很多果实宝宝出现在树妈妈身上。我们开展以秋天为背景的美术创作活动"秋天的树林"，孩子们表现出极大的热情，创作出了一幅幅美丽的秋天图画，活动开展得非常成功！

影响幼儿园美术教育活动效果的因素是多方面的，这些因素都与幼儿情感、情绪、生活、生理、环境等密切相关。

（1）激发幼儿美术表达的兴趣，吸引幼儿热情参与，既是幼儿创造的基础，也是影响幼儿美术活动效果的主要因素。比如有趣的经历、精美的范例、喜欢的内容、难以言表的心情、深刻的体验等都可以刺激幼儿的思维，激发他们的表达热情。

（2）帮助幼儿正确使用美术材料和工具，提高、丰富幼儿美术表现的技

讲故事在幼儿园美术教学中的应用

能技巧，增强幼儿美术表达的信心，增加重复练习的机会，使幼儿更加熟练地运用材料进行情感表达。比如提供图片、卡片、实物等形式的参考资料，用形象的语言提示幼儿，用动作示范物体的轮廓等来提高幼儿的技能技巧，尽量不要直接告诉幼儿具体步骤。

（3）采取以幼儿为主体的多种教学方法。材料玩具化，尽可能多地为幼儿提供各种美术材料，许多孩子正是在尝试新材料的同时，产生新感受的创作；题材儿童化，孩子们生活中有意义、有情节的事情，我们都支持、鼓励幼儿大胆地表现；活动导引情境化，用情境引导幼儿把自己经历过的、想象的各种奇妙的事情表现出来，如"外星人的故事""大鸟带我去旅行"等；过程游戏化，幼儿在活动过程中把自己想象成力大无比的蚂蚁、乘着树叶去旅行的天使等，活动过程成为可以不断构建、发展情节的游戏活动；评价故事化，鼓励或帮助幼儿将作品编成有趣的故事，向同伴、老师、家长进行介绍。在评价过程中，引导幼儿发现每位小朋友作品中好的表现方法，学会接纳和欣赏同伴等。

（4）要尽可能让幼儿多接触生活中的各种事物，引导幼儿积极思考，使幼儿产生切身体验和思考，强化创作动机和表达欲望。

教师要在关注以上因素的同时善于挖掘其他相关因素，从而增强幼儿美术教育活动的效果。

幼儿美术课进行创造教育的一些尝试

学前儿童美术活动的评价

1. 幼儿园美术教育活动的指导原则有哪些？

2. 幼儿园美术教育活动设计通常有哪些环节？

3. 根据所学知识设计一个体现美术教育活动指导原则和具备环节的活动方案。

1. 掌握幼儿园绘画活动的组织原则。
2. 学会运用不同的方法组织开展幼儿园各年龄段儿童绘画活动。
3. 对幼儿绘画活动进行简单评价，提高实际操作能力。
4. 学习和欣赏优秀活动案例。

主题一　幼儿园绘画活动设计与指导

【情境创设】

在一次绘画活动中，刘老师拿出小朋友从家中带来的蜗牛请孩子们观察，随后刘老师又出示了一张小蜗牛的范画，说："今天，老师带小蜗牛出来散步，小蜗牛可高兴了……"刘老师一边说，一边示范蜗牛的绘画方法，接着刘老师请孩子们也来动手画画小蜗牛，并要求大家在画面上添加背景来构建作品的情节，比如"你带蜗牛来到了什么地方？"等。孩子们都开始按照老师的要求作画。在指导过程中，刘老师发现阳阳并没有按照提示做，而是把画面涂成了褐色。一开始，刘老师看了很不解，用责备的语气说："阳阳，你画的这是什么？你的小蜗牛呢？""老师，我的小蜗牛都躲到石头下面去了。""为什么小蜗牛要躲到石头下面去呀？"阳阳的想法引起了刘老师的好奇，于是继续询问他。"因为小朋友们老要抓它、摇它，所以我叫它躲起来了。"想不到阳阳的回答是这样的，但这些却是他的生活经验。

在孩子幼小的心中，这个世界会是什么样子的呢？他们会把自己想做的、想说的，甚至有可能是说不出、做不到的事情，统统通过绘画表现出来。研究表明，随着幼儿年龄的增长和绘画技能的提高，他们在绘画过程中更喜欢创造出各种奇形怪状的事物，而且会觉得很有满足感和成就感。

那么，幼儿园的绘画活动都有什么呢？又是怎样开展的呢？

【基础知识】

绘画活动是幼儿园美术活动中最主要的表现形式之一，它是指在教师的组织下，幼儿运用色彩、线条和构图，把自己对事物的理解、情感表达出来的一种艺术表现活动。

一、幼儿绘画发展的特点

（一）幼儿绘画的年龄特点

3 岁左右的幼儿基本处于"涂鸦期"，他们喜欢随意地乱涂乱画，没有明显的目的性，基本上画的是杂乱的线条，颜色比较单一。

3 岁半左右的幼儿开始进入"象征期"，这个时期的幼儿开始意识到所画的线条与实物或自己的经验之间的联系。比如，幼儿在绘画的过程中，会表现出把自己偶然画出的某种不规则的图形与生活经验相联系，比作他们认为像的东西，而且还经常把他们的作品拟人化，如鲜花高兴地笑，大树疼得直哭……

4 岁左右的幼儿开始进入"形象期"。他们对表现自己的经验、情感和想象有明确的目的，能用简单的形状逐渐深入地表现越来越多的事物。这时候的幼儿已经能够逐渐地、更好地抓住事物的本质特征。一个中班孩子在画螃蟹时，把两个钳子画得很大，这是为什么呢？因为他知道螃蟹有两个大钳子，而且还很厉害。也许因为这个孩子曾经被螃蟹的大钳子夹过，也许是父母特别强调的，不过对他来说印象很深刻，在画螃蟹的时候，就着重夸大了螃蟹的钳子。

5 岁以后的幼儿逐渐认识到事物之间一些简单的联系，对于事件、情节的表现是他们美术活动的突出特点，这个时期的幼儿能够比较完整地画出对象的主要部分，而不必借助语言说明。

（二）幼儿在绘画中的表现特点

1. 抽象性

幼儿在绘画过程中，偶尔会根据不同的对象用不同的几何线来表现形体，画面中可同时存在两种或两种以上的合乎形体特征的规则线。比如画圆可代表蛋或皮球（幼儿年幼，画的圆并不是很标准），外边连接短线可以代表苹果（图2-1）或梨，在圆的周围都接上短线可表示太阳。

图 2-1　苹果

2. 平面性

幼儿还不能画出物体的立体效果。他们能够把大小不同的一种形状表现在一起，但还不能表现近大远小的效果。这种平面性还表现为透明画，如幼儿的作品《海底世界》（图2-2），在画大海时，他们会把鱼、水草全画出来。在绘画过程中，如果幼儿教师要求幼儿画符合生活逻辑的作品，就会影响他们的积极性。虽然透明画是一种"错画"，但是由于幼儿是画他们所知、而不是画他们所看见的，作为幼儿教师，我们应该鼓励幼儿选择自己独特的表现形式，这更符合《幼儿园教育指导纲要》的指导精神。幼儿美术作品所关注的不应只是画面效果，更应关注幼儿个性和心理的健康发展及健全人格的培养。

图 2-2　海底世界

3. 夸张性

例如幼儿在画老虎时，会把牙齿画得特别锐利，形成这种特点的原因是他们把想象当成了现实，如图2-3所示。

图 2-3　老虎

4. 拟人性

例如给太阳画眼、鼻子，像人脸一样（图2-4和图2-5）；把熊猫画得像人一样等。

图2-4　幼儿画的太阳1　　　　图2-5　幼儿画的太阳2

5. 动态性

在绘画的各种题材中，幼儿往往喜欢画飞机、火车、坦克以及各种小动物等活动物体。比如在画公交车时，幼儿往往会一边画一边模仿公交车的语音提示"上车请投币"；画老虎时，会模仿老虎的声音。幼儿在绘画时的这些举动，与幼儿的身心发展特点有着密切关系。因此，作为幼儿教师，在教育活动中应该理解幼儿的举动，不要加以限制。

二、幼儿园绘画活动的方案设计

幼儿绘画活动方案设计实施步骤、活动内容及教师任务见表2-1。

表2-1　幼儿绘画活动方案设计

实施步骤	活动内容	教师任务
确定活动名称	绘画、手工、欣赏	研究教材、确定主题
确定活动目标	对活动提出期望：绘画要体现认知、情感态度、行为技能等方面的目标	整合课程、查找资源，确定本次活动的教学目标
活动准备	经验准备：幼儿自身认知，教师相关知识经验 物质准备：工具、材料、环境	进行活动的经验和物质准备
活动过程	导入：游戏法、谈话法 故事讲述、谜语、图片、视频、律动等方式	创设情境、导入活动、激发幼儿参与活动的兴趣
	活动指导：引导、集体指导、个别指导、巡回指导	教师引导幼儿主动积极参与活动，以实现活动目标，活动要既考虑整体，又尊重个别差异，并提出希望和延伸内容
	小结	总结幼儿绘画的情况，如幼儿在绘画中的情绪是否愉悦、轻松，是否能够表达自己的思想和情感
活动评价（反思）	幼儿互相评价、教师评价、课后反思、家长参与评价	本次活动的目标是否达到；对活动过程评价，是否兼顾全体和幼儿个人的参与；活动形式是否有利于幼儿目标掌握等
活动拓展	语言区、美工区、建构区、音乐活动	引导、拓展、提升活动的广度、深度、多维度

幼儿绘画活动过程如图2-6~图2-8所示。

图2-6　故事导入

图2-7　幼儿主动参与活动

图2-8　教师巡回指导

三、幼儿园绘画活动的类型与指导

按题材的内容和形式，幼儿园绘画活动可分为命题画活动、意愿画活动和装饰画活动。

（一）命题画活动

命题画活动又称主题画活动，是指教师确定集体绘画的主题和要求，幼儿按照绘画的主题和要求作画。命题画是幼儿园绘画活动的一种重要形式。

在命题画活动中，教师的命题很重要。有时候，命题直接影响着一节命题画教育活动的成功。在选择绘画主题时，一定要选择幼儿实际生活中的事物，选择幼儿能经常看到的、听到的、熟悉的、有经验的和感兴趣的，而且还要求他们有很深刻的印象。这样有利于启发幼儿并有利于幼儿对再创造的题材进行命题，如"警察叔叔""我的好朋友""熊出没"等。当幼儿完成基本的命题作品后，教师应该鼓励幼儿对有趣的形象进行再创作。

根据内容，命题画活动又可分为物体画活动与情节画活动。

1. 物体画活动

（1）物体画活动的概念。

物体画活动是教师帮助幼儿在充分了解、体会某一物体的形象、色彩、结构、性质等的基础上，以绘画方式对该物体进行表达、表现的活动，如物体画《树》和物体画《鞋子》。

（2）幼儿物体画活动的特点。

小班幼儿：认识能力较差，生活经验较少，所接触的事物范围较小，绘画技能较差。但此时开始有了画出简单图形的能力。

中班幼儿：在小班的基础上，能更精确地描绘出各种物体的主要部分和基本特征。

大班幼儿：已积累了较为丰富的知识经验和绘画技能，所表现的内容日益丰富，逐步从表现物体的个别特征过渡到表现物体的综合特征。

【案例2-1】

幼儿园中班美术教案：画螃蟹

一、活动过程

1. 猜谜引起兴趣

教师：今天李老师给你们带来了一位朋友。这位朋友有八条腿，两个大钳子，走路横着爬，嘴里还会吐泡泡！它是谁呢？（出示螃蟹）

2. 幼儿观察、寻找特征

螃蟹有一个身体、八条腿、两个大钳子，走起路来横着爬。

3. 播放PPT

（1）出示一个正方形，把它变成一只螃蟹，引起幼儿的兴趣。

（2）请幼儿观察并讨论正方形是如何变成螃蟹的。

（3）教师小结：将正方形添画出八条腿、两个大钳子和一双大眼睛并涂上鲜艳的颜色，就变成了一只螃蟹。

（4）出示圆形、三角形、梯形，请幼儿讨论如何将这些图形添画成一只螃蟹。

（5）再次播放PPT，进一步引导幼儿观察，知道螃蟹的眼睛、钳子、八条腿可以画成不同的样子。

（6）幼儿作画，教师个别指导。提醒幼儿画好螃蟹后可用彩色蜡笔添画泡泡，丰富画面。

（7）展示幼儿作品，教师和幼儿共同欣赏。请几位幼儿介绍自己画的螃蟹。

二、活动指导

（1）调动幼儿学习的主动性。

（2）引导幼儿认真观察，体验物体基本特征。

（3）要引导幼儿从不同角度表现物体。

（4）在幼儿物体画活动中，教师应多启发、鼓励，而不能一味强调幼儿画得是否形象。

2. 情节画活动

（1）情节画活动的概念。

情节画活动是在物体画活动的基础上进行的，它是教师让幼儿以个别物体与其他物体相配合，表现某些情节的一种绘画活动形式，如幼儿画作"路边的树林""我爱幼儿园"（图2-9）等。

图2-9 我爱幼儿园

（2）幼儿情节画活动的特点。

小班幼儿：没有情节画的教学要求。

中班幼儿：主要是在画面上进行简单的布局，能画一些辅助物来表现简单的情节。

大班幼儿：能根据自己对生活的认识，以自己周围的实际事物作为表现题材，画出简单的情节画。大班儿童的绘画活动可侧重于情节画教学。

【案例2-2】

大班绘画活动：我爱幼儿园

一、活动目标

（1）学习观察幼儿园的主要建筑和景物，用绘画表现幼儿园的楼房、运动器具及花草树木。

（2）根据幼儿园建筑结构和景物位置，学会合理布置画面。

二、活动准备

（1）组织幼儿在幼儿园里散步，引导幼儿观察幼儿园的楼房、运动器具、周围景物等。

（2）组织幼儿进行建筑游戏"我们的幼儿园"，初步掌握幼儿园的布局。

（3）彩色笔蜡笔、画纸。（幼儿人手一份）

三、活动过程

1.导入活动，引起幼儿学习的兴趣

教师：小朋友，我们的幼儿园美不美？你们想不想把这么美的幼儿园画下来？今天就画"我们的幼儿园"好不好？

2.引导幼儿回忆观察过的幼儿园的布局、合理安排构图

教师：你们在幼儿园里看到了什么？幼儿园的房子是什么样子的？门窗在哪里，是什么形状的？园内还有什么东西，这些东西都在什么位置？树和花长在什么地方？它们分别是什么形状和什么颜色的？

3.提出要求，幼儿作画，教师巡回指导

教师提醒幼儿先仔细想好，然后动笔。

先在纸上画楼房，再画运动器具和花草树木。将房子画得大一些，画在主要位置上。如果画面较空，教师应适当启发幼儿补充内容。

4.评价作品，结束活动

教师组织幼儿互相欣赏作品，找一找哪张画上的房子画得很平稳，哪张画上画的幼儿园里的东西最多等。

四、活动指导

（1）有意识地引导幼儿观察。

（2）开展多种形式的构图练习。

（3）通过情感体验来表现空间关系。

（二）意愿画活动

1.意愿画活动的概念

意愿画活动又称自由画活动，是幼儿根据自己的生活经验，独立确定绘画的主题和内容，运用所掌握的美术知识和技能，自由地表达自己的情感、愿望的一种绘画形式。

2.意愿画活动指导

【案例2-3】

幼儿园意愿画活动：美丽的花

李老师带领孩子们进行题为"美丽的花"的意愿画活动，她先展示了几种花的图片请幼儿欣赏，然后边示范边讲解。虽然李老师讲得非常认真、卖力，但是当幼儿开始绘画时，有的小朋友还是说："老师，我不会。"已经过去10分钟了，有的幼儿还是看着画纸发愁；有的幼儿只画出和黑板上范例一样的花，毫无想象力；还有的幼儿干脆在画纸上画起了别的内容。活动结束时，只有一小部分幼儿画完了，但内容却是千篇一律、毫无创意的。

一周后，李老师带着孩子们走进大自然，让他们亲身去接触、欣赏、了解不同的花，感受花的千姿百态，为绘画积累经验。活动后的自主性绘画中，李老师鼓励幼儿大胆组合不同图形、色彩来表现花。让李老师惊讶的是回去后，幼儿们创作出了形态各异、新颖独特的作品，李老师将他们的作品一一展示，并请幼儿们介绍自

（1）结合幼儿的生活体验，启发、帮助幼儿确立意愿画的内容，如图2-10所示。幼儿受经验的限制，没有对花的感受，也没有仔细观察花的经验，难以表达和创作出"美丽的花"的作品。第二次活动的组织就比较全面，教师特别关注了幼儿的年龄特点和已有经验，能够引起幼儿兴趣并贯穿活动过程。

（2）创造宽松的意愿画作画环境，根据幼儿的能力，帮助幼儿大胆地进行意愿画活动。第二次活动是幼儿自己出题目，自己来决定画画的内容。活动源于真实生活，表现出的是令他们愉快和兴奋的事情。

（3）评价幼儿意愿画作品时，要以幼儿的创造性为首要目的。在第二次活动中，幼儿的主动性得到尊重，他们的创造才能更出人意料。教师的作用不是机械地教技巧，而是选择、启发、引导和帮助幼儿。

图2-10　意愿画

（三）装饰画活动

1. 装饰画活动的概念

装饰画活动是指幼儿运用各种花纹、色彩或材料在各种不同的纸型上对称地、和谐地、有规则地进行美化、装饰的一种绘画形式。

2. 装饰画活动指导

【案例2-4】

幼儿园中班装饰画活动：太阳娃娃

一、活动过程

1. 导入活动，引起幼儿兴趣

（1）谜语导入：脸蛋圆又红，天亮就上班，哪日不见它，无雨也有风。

（2）展示图片：太阳娃娃。教师："今天，老师把太阳娃娃请来了，可是你们看太阳娃娃怎么啦？"（只是一个圆圈，没有眼睛和光芒）

2. 教师讲述"太阳娃娃的光芒和笑脸到哪里去了"的故事

教师：太阳娃娃身上本来有许多漂亮的光芒，就像这个样子。教师展示范画（一），引导孩子欣赏画面，提问："太阳娃娃的头发、眼睛、脸，以及光芒是什么样子的？"

后来，太阳出来玩，看见一朵小花在呜呜呜地哭，太阳娃娃问："你为什么要哭啊？"小花说："我的花瓣掉光了，好难看啊，呜呜。"太阳娃娃想也没想，就脱下自己的花瓣衣服给了小花。

太阳娃娃回家换了一件衣服，看，是这个样子的。教师展示范画（二），提问：谁来说说，太阳娃娃的头发、眼睛、脸，以及光芒是什么样子的？

后来它出来玩，看见大树妈妈无精打采地站在路边，太阳娃娃关心地问："大树妈妈，你怎么啦？"大树妈妈说："秋天到了，我的孩子都离开我去了远方，我一个人好孤单啊！"太阳娃娃想也没想，又脱下自己的树叶衣服给了大树妈妈。

太阳娃娃又回家换了一件衣服，看，是这个样子的。教师展示范画（三），提问：谁来说说，太阳娃娃的头发、眼睛、脸，以及光芒是什么样子的？

就在刚才来幼儿园的路上，太阳娃娃遇见了太阳公公。太阳公公年龄大了，身上没有了光芒，生病了。于是，太阳娃娃就把自己的光芒全给了太阳公公。

太阳娃娃把最后一件衣服给了太阳公公，它再也没有衣服可以换了，也就失去了笑脸。你们觉得太阳娃娃怎么样啊？小朋友应该怎样帮助太阳娃娃呢？（通过故事激起了孩子关心太阳娃娃、为太阳娃娃设计光芒的愿望）

师生共同讨论如何表现太阳的光芒，说说想画什么样的光芒，鼓励幼儿大胆想象，用点、线和简单的几何图形表现。教师可根据幼儿的回答，在黑板上画一画、贴一贴，带着幼儿学习装饰的基本方法。

3. 提出绘画要求，幼儿操作，教师指导

（1）先用笔勾画出太阳娃娃的基本形象，然后用蜡笔涂色。

（2）鼓励幼儿表现出与他人不同的太阳光芒和太阳娃娃的笑脸。

（3）教师提出绘画要求，提醒幼儿选择鲜艳的色彩装饰太阳娃娃。

4. 总结评价，结束活动

展示幼儿装饰好的太阳娃娃，让幼儿找自己的好朋友说说自己最喜欢的那个太阳娃娃，并说出原因。

二、活动指导

（1）引导幼儿观察、欣赏大自然和日常生活中美的花纹、图案和形式。

（2）帮助幼儿掌握简单的装饰画技能，引导幼儿循序渐进地学习装饰画。

（3）图案练习的方法要多样化。充分运用各种材料和手段，在装饰画中培养幼儿的想象力和创造力。

包括幼儿棉签画等在内的不同材料的装饰画欣赏如图2-11~图2-16所示。

图2-11 幼儿棉签画

图2-12 幼儿印章画

图2-13 幼儿手指画

图2-14 幼儿指点画

图2-15 大班儿童豆子画

图2-16 幼儿折纸画

思考题

根据所学内容和日常经验回答：按工具材料，绘画活动可分为哪几种类型？

主题二　幼儿园绘画活动案例分析

案例 2-5

大班绘画活动：创意花瓶

一、活动目标

（1）欣赏各种花纹的花瓶图片，感受工艺品的美。

（2）学画花瓶，并掌握装饰画线条及图形的画法和运用。

（3）培养幼儿的想象力、创作力。

二、活动准备

（1）教师范画。

（2）花瓶图片，画纸，水彩笔，背景音乐。

三、活动过程

（一）导入与体验

1. 花瓶实物和相关图片导入，引起幼儿学习的兴趣

（1）展示花瓶图片和实物，通过观察了解花瓶的结构，并播放优美舒缓的背景音乐，使幼儿在轻松愉悦的氛围中进行观察。

（2）教师引导幼儿欣赏并描述自己喜欢的花瓶外形特征。引导幼儿观察花瓶的外形及装饰特点。

教师：你们喜欢这些花瓶吗？它们分别是什么样子的？

（幼儿回答）

教师：花瓶上的装饰好看吗？为什么？它们有什么特点呢？通过观察这些装饰，感受不同花瓶的美，并形容生活中见过的花瓶。

（幼儿回答）

2. 教师小结

对幼儿的回答进行总结和归纳，使幼儿对花瓶的形状和装饰有更深的感受。

花瓶有很多种形状，有胖、有瘦，有高、有矮；花瓶口有花边口、有平口等；瓶颈有粗有细；瓶肚有圆有扁；每个花瓶上都有不同的装饰，这些装饰有一些共同的特点，就是对称、漂亮。

（二）幼儿操作与教师指导

1.师生共同探讨花瓶的画法

（1）教师引导幼儿讨论绘画方法。

教师：怎样用水彩笔画出自己喜欢的花瓶？在画之前，我们应该怎么做？

（幼儿回答）

（2）教师对幼儿的陈述进行总结。

在小朋友们画画之前，要想好画什么样的花瓶，并想好我们把花瓶放在画面的什么位置。

（3）教师继续引导幼儿观察体会。

教师：这些花瓶都是有规律的对称图形，小朋友可以根据刚才介绍的瓶口、瓶颈、瓶肚的不同画法画出一个自己想要的花瓶。同时，我们也可以给花瓶添加装饰，比如，可以给它加上一对小耳朵等。

（4）教师继续引导幼儿观察和学习花瓶上的图案设计。

提示幼儿通过观察，发现花瓶一般都有哪些装饰图案，这些图案一般都在花瓶的什么位置等。

教师展示花瓶图案范例，让幼儿认真观赏范画，进一步了解花瓶图案的规律性。

2.幼儿主动创作，教师进行指导

幼儿学习用装饰画的线条及图形学画花瓶，教师进行全体和个别指导。

教师：小朋友们，下面就用你手中的笔画出漂亮的花瓶吧。我们看看哪位小朋友画出的花瓶与众不同。

幼儿进行绘画。

（三）展示与欣赏

（1）将所有幼儿的作品张贴起来，大家共同观赏。

（2）请幼儿找出自己最喜欢的花瓶，并说出理由。

（3）教师评价。

四、活动延伸

幼儿为家人制作一个简易笔筒，笔筒表面用自己创作的图案装饰和勾勒。

五、效果分析与反思

（1）本活动是根据中班幼儿的身心发展水平来设计的，形象直观，幼儿容易接受，效果很好，基本能够完成本节教学任务。

（2）在发散思维活动中，以观察性、开放性的提问为中介，引导幼儿大胆想象、自主表达，激发了幼儿创新思维的兴趣。幼儿能积极主动地参与思维活动，创新思维能力和创新能力都有所提高。

（3）在活动中，教师应注意个别幼儿的参与意识，鼓励幼儿大胆想象、合作学习，使他们能够主动大胆地参与到创新思维活动中，体验发散性思维的乐趣。

在对装饰画的指导中，教师应引导幼儿观察欣赏大自然和日常生活中的美丽花纹、图案和形式，如收集自然中的树叶、蝴蝶等，以及生活中的刺绣、瓷器等，让幼儿感受、欣赏它们花纹的变化和规律，引发幼儿对装饰性物体的敏感和对装饰性活动的兴趣，帮助幼儿掌握简单的技能，如掌握绘制简单花纹图案的技能、排列花纹和找位置的方法、一些色彩的知识和能力，充分运用各种材料和手段，进一步培养幼儿的想象力和创造力。

六、活动建议

1. 活动区域创设

把美术相关物品投放到"美术探索区"，发起一个"绘画总动员"活动，引导幼儿在自主活动中进一步通过自己的操作探索和发现绘画的乐趣。

2. 家园共育

建议家长带孩子到户外倾听、感受大自然的声音，并给孩子讲解一些相关的知识和道理。

3. 领域活动渗透

在幼儿园活动中，健康领域、科学领域、社会领域、语言领域和艺术领域的活动是多领域渗透贯通的。比如在语言活动中让幼儿自编故事，在科学活动中让幼儿探究自然奥秘，在音乐活动中让幼儿学习优美歌曲，在体育活动中让幼儿模仿创作各种动作等。

案例2-6

中班绘画活动：心形创意画

一、活动目标

（1）了解心形，通过对折、画半圆、沿边剪，完成心形的制作。

（2）将心形贴在彩纸上，利用幼儿已有经验，创设出有趣的情境，以培养幼儿

的创新思维能力和动手能力。

（3）幼儿通过想象创造，体验创作的快乐，培养自信心和展示自我的勇气和能力。

（4）活动的重点和难点。

①幼儿能在创作前设计画面布局，还能用水彩笔将自己构思、想象的内容画出来。

②幼儿能顺利将心形剪下来。

二、活动准备

（1）教师范画。

（2）正方形彩色卡纸，剪刀，胶棒，水彩笔。

三、活动过程

（一）引出与体验

（1）出示心形的巧克力包装和心形巧克力，引出心形图案，激发幼儿的兴趣，并继续观察心形的特点。

教师：小朋友们，这是什么呀？

教师：小朋友们仔细看看，心形有什么特点呀？

（幼儿回答）对称的特点等。

（2）教师引导幼儿欣赏心形图案，并描述在哪里见过形状是心形的事物，都是什么物品，进一步观察心形的特点，感受心形图案和生活中物品的密切关系。

教师：小朋友们，还有哪些物品是心形的？

（幼儿回答）气球，糖果，爱心等。

教师：小朋友们，这些心形都是做什么用的呢？

（幼儿回答）

（3）教师根据幼儿讨论、描述的生活中的心形物品进行小结。

生活中充满了心形图案，心形图案装扮了生活，让生活更美丽！小朋友们，我们今天就一起来画心形吧！

（二）幼儿操作与教师指导

1. 师生共同探讨对称心形的制作方法和画法

（1）教师引导幼儿讨论制作心形的方法。

教师：小朋友们，怎样才能够将一张纸变成对称图形呢？

（幼儿动手操作彩色卡纸并回答问题）

教师：小朋友们，怎样能让它变成对称的心形呢？

（幼儿动手操作彩色卡纸，利用彩笔勾画心形图案，用手工剪刀裁剪，并回答问题）

（2）教师小结。

小朋友们，你们利用对称图形画出了可爱的心形，也自己动手剪出了可爱的心形，你们真是太棒了！那我们怎样继续用这些可爱的心形，画出更美丽的画呢？

2.师生共同探讨利用心形进行图画再创的方法

（1）教师引导幼儿讨论利用心形进行图画再创。

教师：小朋友们，生活里有很多心形的图案，你能利用手里的心形画出更好看的图画吗？你想画什么呢？

（幼儿回答）

教师：小朋友们，你们太棒了，那我们就一起用心形图案画更多的画吧！在画之前，你们要想好把心形贴在哪里，构思好之后就动手吧！

（2）教师继续引导利用心形图案进行图画再创的思路和方法。

师：如果想把心形变成气球该怎么画呢？如果想把心形变成棒棒糖，该怎么画呢？如果想把心形变成小动物，该怎么画呢？

（幼儿回答）

（3）教师小结。

根据小朋友的回答进行总结，利用心形可以再画出更多美丽的图画，强调图画的整体构思和布局，鼓励小朋友进行大胆想象和创作！

（三）幼儿操作，教师进行个别指导

在指导中，鼓励幼儿大胆想象和发挥，将画面画得丰富多彩，启发幼儿想象海底小动物周围的情境，如小雨、水草、气泡、石头等；想象棒棒糖的装饰，如蝴蝶结等；想象气球的情境装饰，如在气球周围添画、在气球上画表情装饰等。

（四）展示与欣赏

（1）收拾水彩笔等工具。

（2）展示幼儿作品，幼儿相互欣赏。从画面整洁、颜色搭配、画面丰满、布局合理等方面进行评价。

（3）教师:你为什么将心形图案变成这样的图画呢？给你的图画起个好听的名字吧！

（幼儿回答）

（4）教师：你喜欢哪张作品？为什么？

（幼儿回答）

四、活动延伸

让幼儿和父母一起认识、了解其他对称图形，并利用该对称图形进行图画的再创作。

五、效果分析与反思

（1）本活动是根据中班幼儿的身心发展水平来设计的，形象直观，幼儿容易接受，效果很好，基本能够完成本节教学任务。

（2）在发散思维活动中，以观察性、开放性的提问为中介，引导幼儿大胆想象、自主表达，激发了幼儿的创新思维。幼儿能积极主动地参与思维活动，创新思维能力和创新能力都有所提高。

（3）在活动中，教师应注意个别幼儿的参与意识，鼓励幼儿大胆想象、合作学习，使幼儿能够大胆、主动地参与到创新思维活动中，体验发散性思维的乐趣。应进一步突出活动重点部分，这样才能更有助于幼儿的发展。

对于命题画中的情节画，教师应引导幼儿认真观察、感受周围事物，以及事物之间的关系，为情节画打好基础，可以借助多种手段帮助幼儿理解，运用多样化的练习手段，如故事画、探索画、日记画、游戏画等来提升幼儿情节画的表现能力。

在绘画活动中，要具有更多的游戏成分，否则，幼儿可能由于缺乏兴趣而中途放弃完成作品。因此，在活动中要刺激幼儿美术表达的兴奋性，使绘画如游戏一样有趣，能吸引幼儿热情参与。如何引发幼儿的思维和兴趣是教师在组织活动时必须充分认识和考虑的。深刻的体验、难以表达的心情、有趣的经历、为了谁绘画、好看的范画等都是教师开展每一次绘画活动和激发幼儿兴趣的切入点。教师也要尽可能多地为幼儿提供接触事物的机会，并运用多种感觉、多角度体验事物。幼儿美术活动应突出游戏因素和生活因素的地位，必须是综合的，融合游戏、生活和美术为一体的。

在评价幼儿绘画作品时，只要形象达到了"基本像"的水平，其作品就是成功的，就应该得到理解和认可。教师应更多地分析作品中所表现的事物是否丰富、是否有幼儿的体验思考与创作想象，作品中是否反映出良好的个性，如认真、大胆和自信等特点。在评价幼儿绘画作品时，不能使用统一的标准，要尊重幼儿的个性，了解幼儿的性格特点，使每个幼儿都能在原有基础上得到长足的发展。教师通过赏析幼儿美术作品，不仅可以了解幼儿的许多方面，还可以促进幼儿的全面发展。

案例 2-7

小班绘画活动：下雨了

一、活动目标

（1）学习用短垂线、长垂线等各种线型来表现小雨和大雨。

（2）培养幼儿对于手的控制能力，使其能很好地控制笔，自如地画出长线和短线，培养幼儿良好的操作习惯。

（3）激发幼儿对大自然的热爱之情，以及对绘画活动的兴趣，培养幼儿的想象力和创新力。

二、活动准备

（1）画纸每个幼儿两张，油画棒、水彩笔每个幼儿一份，小兔子、乌云、荷花、青蛙、小草、花朵等贴纸。

（2）下雨的视频。

（3）教师和家长事先带幼儿观察下雨的过程，掌握有关雨的知识信息。

（4）教师范画。

三、活动过程

（一）导入与体验

1. 故事导入

小白兔皮皮要到好朋友家去玩，可是刚走了一会儿，天空中就飘来了几朵乌云。发生什么事了呢？教师播放下雨的视频，激发幼儿的兴趣。

教师：小朋友们，小白兔怎么啦？哪位小朋友来说一说？

（幼儿回答）

2. 故事体验

教师：下雨是什么声音呢？哪位小朋友来说一说？用你的声音模仿一下不同的雨声吧！

（幼儿回答）"沙沙""哗哗""滴答""哗啦"等。

教师：太棒了！请小朋友们再想一想：雨是从哪儿落下来的？雨落下来的时候是什么样子的？

（幼儿回答）

教师：那你们知道雨什么时候是一滴一滴的，什么时候是像线一样一根一根落下来的？

（幼儿回答）

3. 教师小结

看来小朋友观察下雨都很仔细。的确，当下小雨时，它是一滴一滴地落下来的；而下大雨时，则是像线一样一根一根地落下来；如果刮风的话，雨还会斜着落下来，有时向左斜，有时向右斜，好像在跳舞一样。我们来学一学雨落下来的样子好不好？

（二）幼儿操作与教师指导

1. 引导幼儿学习用各种线型表现下雨的过程

教师：刚才我们说了说雨，还学了学雨落下的样子，现在我们来画一画雨好吗？

教师：我们按从小到大的顺序来画，先画小雨好吗？（好）教师一边示范画法，一边讲解：下小雨了，雨点从天上落下来，一滴一滴落在地上；下大雨了，雨像线一样一根一根地落下来；刮大风了，雨被风吹得都斜着落了下来。刚才我们说的就是这三种情况，下面请小朋友伸出右手食指，跟着我一起练习画下雨。

（教师示范画下大雨和下小雨的长线和短线）

2. 幼儿大胆作画，教师指导

（1）教师：我发现小朋友在空中画的雨非常的好看，我们把它们请下来，让它们飞到我们的画纸上来，让更多的人看到它们好吗？画的时候，请大家还是先画小雨，再画大雨，然后再画刮风时的雨。

（2）幼儿进行创作，教师进行个别指导，鼓励幼儿大胆创作。

雨点会飘落到哪里呢？落到小朋友身上，小朋友会怎样呢？飘落到干渴的土地上，禾苗会怎样呢？飘落到开满荷花的池塘里，青蛙会怎样呢？荷花会怎样呢？还有谁会发现小雨点呢？它们会怎样呢？

让幼儿展开合理、大胆的想象，并自由选取教师事先准备的贴纸，在画好雨的画纸上拼贴，构成一幅较为完整的图画。

（三）展示与欣赏

（1）收拾油画棒、水彩笔。

（2）展示幼儿作品。

教师从幼儿画面整洁、颜色搭配、画面丰满、布局合理等方面评价。

（1）展示全部作品，幼儿相互欣赏。

（2）教师：小朋友们喜欢哪幅作品？为什么？

四、活动延伸

创新想象和情境表演（放轻音乐）

教师：小雨点飘落到水里，小鱼看见了，它跳出水面在和小雨点玩吹泡泡的游戏呢。谁还发现了小雨点呢？还会发生什么事呢？

教师：你们喜欢和小雨点做游戏吗？请你们和小雨点玩一玩吧。

启发幼儿与小雨点做游戏，鼓励幼儿合作表演小雨点落到哪里的情景。

五、效果分析与反思

（1）本活动是根据小班幼儿的身心发展水平来设计的，活动的形式形象直观，幼儿容易接受，效果很好，基本能够完成本节教学任务。

（2）在发散思维活动中，以观察性、开放性的提问为中介，引导幼儿大胆想象、自主表达，激发了幼儿创新思维的兴趣。幼儿能积极主动参与到思维活动，创新思维能力和创新能力都得到了提高。

（3）运用动静结合的方式，结合游戏进行教学，围绕雨点开展创新思维想象活动，培养了幼儿初步的创新思维意识，幼儿能够积极主动地参与到思维活动中来，幼儿的积极性很高，其创新思维能力得到了一定的提高。

（4）在活动中，教师应注意个别幼儿的参与意识，鼓励幼儿大胆想象、合作学习，使幼儿能够大胆、主动地参与到创新思维活动中，体验发散性思维的乐趣。应进一步突出活动的重点部分，这样才能更有助于孩子的发展。

在命题画中，物体画活动对于发展幼儿感受力、观察力，提高幼儿运用绘画方式做出富有自我体验的表达有重要的意义。在活动中，教师应激发幼儿的兴趣和主动性，引导幼儿充分体验物体的特点，设计好引导性观察和体验的方式，充分利用有目的、有顺序、有参与的方式，使幼儿产生兴趣。教师应为幼儿预设出自由创作的平台，让幼儿进行想象和创作。

在绘画活动的设计与实施中，我们应从选择内容、制定目标、活动准备、过程提示、效果反思等方面进行思考。活动选择的内容应该来自自然、生活、艺术品中的富有美感的事物，内容有趣，贴近幼儿生活，符合当前季节。在制定一次具体的美术活动目标时，教师首先要从本班幼儿美术能力发展的实际水平与需要出发，将《幼儿园教育指导纲要》《幼儿园教育指南》中的大目标作为依据，再深入细致地分析所选择活动内容的特点。例如可以从审美感受与体验的重点，行为、习惯、态度的培养，表现创作的方式等几方面来表述。教师在活动中可以根据实际需要进行合理的调整，因为幼儿的实际生活是生动鲜活的，应着眼于幼儿的长远和整体发展。

活动准备包括经验准备和物质准备。活动过程一般由导入与体验、幼儿操作与教师指导、展示与欣赏等几大环节组成。对新教师来说，必须详细写明每个环节采取的教学方法，特别是具体的启发性提问和要求等，其中启发性提问最好使用直接引语表述，此外，在设计活动过程后可以预计活动的延伸，也可以根据活动内容自然生成。效果分析与反思实际上是对幼儿美术活动进行评价的过程，一般分为两个方面：一方面是对幼儿美术能力发展状况的评价，如美术能力、表现、作品等，目的是通过评价了解幼儿，帮助幼儿成长；另一方面是对美术活动效果的评价，针对教师美术活动设计、组织、效果等，目的是通过评价来梳理教学脉络，分析活动成功与不足的原因，为更好地开展幼儿美术活动服务。

根据所学知识，分别为小班、中班、大班各设计一个美术活动方案。

单元三　幼儿园手工活动设计指导与实践

1. 掌握不同年龄阶段幼儿的手工能力发展水平。

2. 了解幼儿手工活动的内容，对各项内容进行学习、操作，通过实践体会手工活动的技巧。

3. 通过手工活动方案的学习，能够有针对性地为幼儿园的手工活动设计方案。

主题一　幼儿园手工活动设计与指导

【情境创设】

教师为幼儿园小班的孩子设计了一节手工活动课——制作小企鹅，她要求幼儿将小企鹅的外轮廓剪下，并通过粘贴制作成立体的小企鹅。这个活动设计得怎么样？它是否适合小班的幼儿呢？下面就让我们带着这些问题进行本主题的学习。

一、幼儿手工能力的发展特点

幼儿园手工活动是一项深受幼儿喜爱的活动，它是指幼儿在教师的引导下，利用各种材料进行造型操作的活动。通过这项活动，幼儿可以提高观察、想象和创造思维等各方面的能力。我们根据幼儿的年龄特点将幼儿手工能力的发展分为以下三个阶段。

1. 玩耍阶段（2~4岁）

出于好奇和本能，这一阶段的幼儿在手工活动中，往往对手工工具和材料发生兴趣而引发以玩为主的游戏性手工活动，这是幼儿手工活动的开始。

下面，结合这一阶段幼儿的手工活动特点，分享几个幼儿活动的作品。比如在纸工活动中，幼儿会将纸撕成长条放在盘子中，说这是送给奶奶的"长寿面"（图3-1）；幼儿还喜欢玩黏土，他们将黏土分成大小不同的块，用手捏扁，粘在纸上，想象这是"海底的小鱼"（图3-2）。

图3-1　长寿面

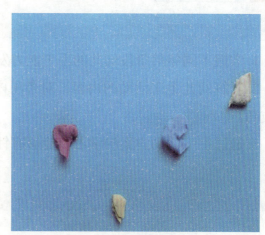

图3-2　海底的小鱼

总之，对于这一年龄阶段的幼儿，我们要多鼓励、多倾听，提高幼儿对手工制作的兴趣，使幼儿学会正确使用工具，并让他们养成在活动结束后及时收拾物品的好习惯。

2. 直觉表现阶段（4~5岁）

随着年龄的增长，幼儿进入基本形状期。他们的行为开始由无目的的动作发展到有意图的尝试。幼儿已经能够制作出物体的基本形状，但还不能刻画物体的细节。幼儿可以使用剪刀剪出简单的图形，也能根据折纸步骤叠出简单的物体造型。

下面是几幅幼儿手工作品，可以通过这些作品更好地了解这一年龄阶段幼儿的特点。

我们可以将纸工作品"郁金香"（图3-3）和小班的作品"长寿面"做一个对比，会发现作品已经由简单的撕纸发展为折纸，并可以通过粘贴构成一幅完整的作品。这个过程是一个循序渐进的过程，我们要遵循孩子的身心发展规律，给予正确的引导。

通过"春天"（图3-4）这幅作品我们可以看出，幼儿玩泥巴的行为已经从单纯的拉、压转变成有某种意愿的行动。他们会使用一些辅助材料，做些进一步的加工、装饰，但是对物体的细节部分刻画得不细致。

在这一阶段，幼儿也可用一些废旧物制作自己喜爱的玩具，如纸盒、汽车、小家具等。

图3-3　郁金香

图3-4　春天

3. 灵活表现阶段（5~7岁）

幼儿手眼协调能力增强，可以根据已经学过的小技法制作完整的作品，并且能够通过工具表现物体的细节和特征；喜欢用各种不同材料制作作品，表达自己的认知。下面，让我们共同欣赏几幅这一阶段幼儿的作品。

通过大班幼儿的剪纸作品"小金鱼"（图3-5），我们能够了解这一阶段的幼儿已经熟练掌握折、剪技能，剪纸边线光滑，弧线比较圆润。

从纸绳画作品"螃蟹"（图3-6）中可以看出，幼儿可以使用沿轮廓线由内向外绕贴的方法进行纸绳画活动，画面布局合理，用色大胆，虽然没把螃蟹腿完全画出，也已经不错了。

图3-5　小金鱼

图3-6　螃蟹

从纸工作品"瓢虫"（图3-7）中可以看出，这一阶段的幼儿已经学会了根据图示折纸，他们对折叠给纸带来的变化很感兴趣。

从教师和幼儿合作完成的"家"（图3-8）中可以看出，这一阶段的幼儿随着观察力和动手能力的提高，运用超轻黏土表现情感的程度大大增加，他们会借助辅助工具来塑造物体的细节，使其有一定的动作和神态。

图3-7 瓢虫

图3-8 家

教师在这一阶段要提供多种材料，鼓励幼儿进行再创造、再加工。这一阶段的幼儿已经具备了合作能力，教师应该为幼儿提供更多的合作机会。

二、幼儿手工活动的内容

幼儿手工活动的内容丰富多彩，可以分为纸工活动、泥工活动和其他材料的手工活动。

（一）纸工活动

玩纸是幼儿的天性，他们在教师的引导下，可以通过使用不同质地的纸，结合撕、剪、折、卷、染、编、贴等技法使纸张发生巨大的变化，从而创造出事物的形象。

1．纸工活动的材料与工具

纸工活动离不开材料与工具，活动用纸的范围很广，彩色卡纸、皱纹纸、瓦楞纸、折纸、宣纸、废旧报纸等都可以供幼儿使用。在使用中，可以根据纸的性质和希望在画面中表现的效果选择纸张。

另外，还需要一些辅助工具配合完成，如剪刀、双面胶、胶棒、颜料等。让幼儿了解这些工具的使用方法，才能更好地完成作品。

2．纸工的基本技巧

（1）撕纸手工。

撕纸活动是一种适合幼儿年龄特点的创造性活动。通过撕纸活动，幼儿可以学会各种撕纸的技巧，锻炼幼儿手、眼、脑协调的能力，增强幼儿手指肌肉的灵活性。撕纸的技能可以按以下三个阶段进行训练。

第一阶段，可以通过纸的拿法，起撕、直撕、转撕的技法训练幼儿撕简单的图形，如圆形、三角形、正方形、梯形等。

第二阶段，教幼儿整体撕物体图案。其包括两种方法，即按轮廓线撕和目测撕。按轮廓线撕是指教师引导幼儿先在纸上起好外型，再按外轮廓撕下；目测撕是指先仔细观察物体外形，然后依次撕出物体图案。

第三阶段，还可以利用纸的不同折法来撕出不同的图案，如对角折撕、对边折撕、对边反复折撕、三角折撕等。

撕纸技巧集中在双手指尖的配合，只有为幼儿提供更多感兴趣的题材，提供更多练习的机会，才能使他们更好地掌握撕纸的技巧。

（2）折纸手工。

折纸活动是一种深受幼儿喜爱的活动。幼儿按照一定的步骤折、叠、翻、插纸张，就可以折出许多栩栩如生的形象。因为在折叠中必须遵守折叠步骤，所以折纸活动对培养幼儿认真观察的习惯和做事的顺序性、条理性有很大帮助。折纸活动的基本技能及其步骤见表3-1。

表3-1　折纸活动的基本技能及其步骤

折纸活动	步骤
对边折	将正方形或长方形纸两边相对折叠，成为两个长方形
对角折	用正方形纸将两角相对折叠，成为两个直角三角形
集中一角折	在正方形纸的对角线上，将相邻的两边相对着折叠
集中一边折	在正方形或长方形的中线上，将相邻的两边相对着折叠
四角向心折	先在正方形纸上折两条对角线，找出中心点，然后将四个角向中心点折
双正方折	用正方形纸，先对边折，再根据中线一边向前、一边向后折，从中间撑开，压平
双三角折	用正方形纸，先对角折，再根据分角线一边向前、一边向后折，从中间撑开，压平

用对边折法折蝴蝶见图3-9。

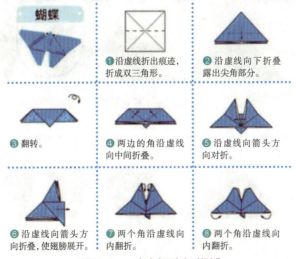

蝴蝶

① 沿虚线折出痕迹，折成双三角形。
② 沿虚线向下折叠露出尖角部分。
③ 翻转。
④ 两边的角沿虚线向中间折叠。
⑤ 沿虚线向箭头方向对折。
⑥ 沿虚线向箭头方向折叠，使翅膀展开。
⑦ 两个角沿虚线向内翻折。
⑧ 两个角沿虚线向内翻折。

图3-9　对边折法折蝴蝶

总之，折纸活动是既经济又有趣的美术活动，也是幼儿喜爱的游戏活动。幼儿通过折纸可提高对物体的理解能力，增强手指灵活性，训练记忆力。

（3）剪纸手工。

幼儿园剪纸活动包括幼儿使用剪刀的技巧和折剪中的折叠技巧。幼儿剪纸是一个循序渐进的过程，从小班开始接触剪刀，到大班要求能够熟练地使用剪刀。幼儿可以通过不同的折

叠方法，增加剪纸的乐趣。几种常见的折纸方法如图 3-10~ 图 3-15 所示。

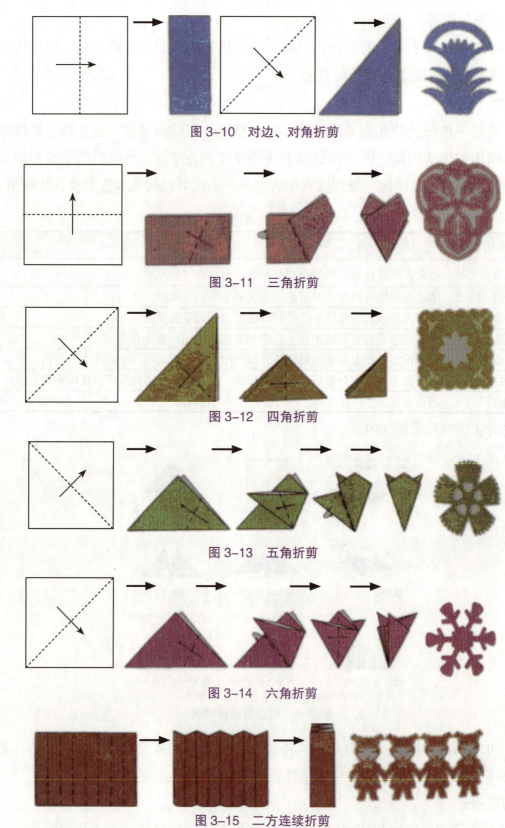

图 3-10　对边、对角折剪

图 3-11　三角折剪

图 3-12　四角折剪

图 3-13　五角折剪

图 3-14　六角折剪

图 3-15　二方连续折剪

（4）染纸手工。

染纸是指利用纸张的吸水性，先将纸张折叠、卷曲、揉皱，再用颜料进行点染或浸染，使颜色自然融合，呈现出千变万化的图案。在纸张的选用上，可以用生宣纸或纸巾，这两种纸吸水性较强，能充分吸收颜色。在颜色的选取上，可以用透明的水彩颜料。

染纸手工制作的环节依次为折叠、染色、打开。在折叠时，可以使用不同的折叠方法，折好后，用指尖捏住纸端，开始染色。不同的颜色混在一起，出现微妙的变化。待染纸完成后，用旧报纸或纸巾吸掉多余的水分，小心地打开并晾干，作品就完成了。

由于染纸活动拥有变化无穷、操作简单的特点，最能激发幼儿的好奇心和探索欲。

【案例3-1】

大班染纸教案：小丝巾

一、活动目标

（1）了解宣纸的性质，运用范例激发幼儿学习染纸的兴趣。

（2）引导幼儿学习渲染的基本方法。

（3）通过染纸活动初步培养幼儿表现美的能力。

二、活动准备

水彩颜料、宣纸、调色板、印染图片、教师范例

三、活动过程

（一）展示范例，导入新课

（1）小朋友，母亲节快要到了，我们为妈妈送上一件小礼物吧！

（2）你们，看这条丝巾是不是很漂亮？有哪位小朋友知道这是怎么做的呢？

（二）介绍材料性质，师幼共同探讨制作步骤和方法

1. 介绍所用材料，强调宣纸的吸水性

2. 介绍制作步骤

（1）将宣纸折叠（幼儿尝试纸的不同折法）。

（2）教师讲解示范染色的方法：染边法、染角法、边角都染法。

（3）小心地把染好的纸打开，平铺到平整的地方晾干。

（4）作品完成，如图3-16～图3-18所示。

（三）幼儿制作，教师指导

（1）幼儿选择自己喜欢的方法折纸。

（2）运用所学技法染纸。

（3）教师指导和帮助能力较差的幼儿。

（四）欣赏评价作品

（1）展示幼儿的作品，请幼儿说出喜欢哪幅作品，并说明原因。最后，引导幼儿从色彩、图案等方面对作品进行评价。

（2）请幼儿介绍自己的折法及染法。

图 3-16　作品一

图 3-17　作品二

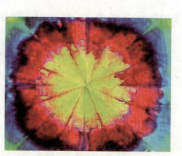
图 3-18　作品三

（二）泥工活动

幼儿泥工活动是幼儿园手工活动的重要组成部分，是指幼儿以泥为材料，用手及简单的工具塑造立体的形象，是一种具有较强可操作性的活动。

1. 泥工活动的材料

橡皮泥（图 3-19）：一种人工合成的油性泥工材料，颜色丰富、易于造型。在超轻黏土等手工材料流行之前，它深受幼儿的喜爱。橡皮泥质地软、遇热易化、黏合度高，由于其油性较大，容易污染桌面，使用后要注意做好清洁工作。

图 3-19　橡皮泥

陶泥（图 3-20）：用于专业塑造的泥工材料，可塑性极强，是最具专业特点的泥工材料之一。在幼儿园里，陶泥手工也是孩子们喜爱的操作活动之一。柔软而光滑的陶泥在孩子们的手中充满了无限的变数。陶泥作品可以晾干涂色，也可以烧制，烧制后的作品会变得结实，抗侵蚀性好。

超轻黏土（图 3-21）：超轻黏土又称为弹跳泥，是一种无毒、无味、无刺激性的环保工艺材料。它可塑性强，色彩艳丽，使用者可以自由揉捏，它是一种集陶土、橡皮泥优点于一身的新型手工创作材料，可以与多种材料完美结合。超轻黏土不需烧制，自然风干即可。超轻黏土风干后，可用水彩颜料上色，不碎裂，可永久保存。

图 3-20 陶泥

图 3-21 超轻黏土

2. 泥工活动的基本技能

（1）分泥：用目测法将大块的泥按物体比例分成若干小块，以准备塑造。

（2）团圆：将泥置于掌心，双手相对旋转团揉，将泥团成球形。

（3）搓长：将泥置于掌心，两手前后搓动，将泥搓成长条或圆柱体。

（4）压扁：两手掌心相对或把泥至于泥工板上，用力将泥压扁。

（5）粘接：可根据需要运用嵌接、粘接的手法借助木棍、牙签、乳胶等材料将两部分连接起来。嵌接是在塑好的主体形状上挖洞，将需要的部分镶嵌进去；粘接是直接将泥的两部分黏合在一起。

（6）盘卷：盘卷是泥塑造型的一种重要手法。把泥块团成圆，搓成条状，从泥条的一端开始，根据造型的需要盘卷成型。

泥工制作蜗牛示例如图 3-22 所示。

图 3-22 泥工制作蜗牛

【案例 3-2】

中班幼儿泥工：摘葡萄

一、活动目标

（1）探索用团圆、压扁、搓长、粘贴的方法制作葡萄。

（2）通过情境导入，提升幼儿对泥工活动的兴趣。

（3）合理使用泥工操作材料，养成良好的操作习惯。

二、活动准备

橡皮泥、盘子、范例，室内用塑料葡萄进行装饰。

三、活动过程

（一）情境创设，导入新课

"小朋友，小熊家种的葡萄熟了，它想请小朋友们帮它摘葡萄，你们愿意吗？"

"我为大家准备了盘子，我们一起摘葡萄吧。"

（二）师幼共同讨论葡萄的制作方法

（1）教师引导幼儿观察葡萄的形状。

（2）用泥搓大小不同的圆球，按葡萄的外形进行排列。

（3）用绿色泥搓两大一小共三个圆球，小的搓成圆柱作葡萄梗，大的两个捏成叶子粘在葡萄梗两侧。

（三）幼儿制作，教师指导

教师应鼓励动手能力强的幼儿独立完成作品，对动手能力较弱的幼儿应给予帮助。

（四）作品评比

将作品放在展示台上（图3-23），幼儿们讨论，教师点评。

图3-23　葡萄作品

（三）其他材料的手工活动

幼儿园手工活动除纸工、泥工外，还包括利用其他材料进行的手工活动。在活动开始前，教师应先选择主题，再根据内容准备材料和工具。材料的选择多种多样，包括布、纸、泥、植物性材料、废旧物等。教师要引导幼儿充分发挥想象力和创造力，用学过的技法加工这些材料，制作出各种富有创造性的手工作品，如图3-24所示。

图 3-24　富有创造性的手工制品

【案例 3-3】

大班幼儿手工活动：纸杯娃娃

一、活动目标

（1）了解纸杯娃娃的基本构造。

（2）初步掌握分割、组合等基本制作方法。

（3）设计自己喜欢的娃娃并制作。

二、材料准备

纸杯、彩色卡纸、剪刀、毛线、双面胶、水彩笔、布娃娃。

三、教学过程

（一）展示玩具，导入新课

教师："小朋友，今天我给你们带来一个布娃娃，小朋友们喜欢吗？"

"你们愿不愿意和我一起制作漂亮的娃娃？"

（二）教师演示制作步骤

（1）将一个纸杯的上部剪成穗条做娃娃的裙子，并用水彩笔或卡纸进行装饰。

（2）剪下一个纸杯的底座部分做娃娃的帽子，先用同样的方法剪出檐，再用小花装饰帽子。

（3）剪下另一个纸杯的底座做娃娃的笑脸，在底部画上娃娃的眼睛，也可以用

彩色卡纸剪出娃娃的五官，分别粘在娃娃脸上。用纸杯剩余部分剪出娃娃的"刘海"，粘在娃娃头上。

（4）将毛线粘在娃娃的头顶做头发。

（5）对娃娃进行装饰。

（三）幼儿制作，教师指导

（1）幼儿根据自己的想法设计娃娃。

（2）幼儿自己动手制作，教师给予指导。

（四）评价作品

教师对幼儿制作的纸杯娃娃进行评价，并让幼儿互相欣赏，如图3-25所示。

图3-25　纸杯娃娃

三、幼儿手工活动的指导

与绘画活动一样，幼儿手工活动也是有益于幼儿手脑发育的美术活动形式。它的特点表现在利用大量的材料并运用各种技法来制作作品。开展活动时，我们需要从以下几个方面进行指导。

1. 创设环境，引起幼儿学习的兴趣

我们在开展幼儿手工活动时，首先要为幼儿布置好环境，让幼儿有身临其境的感觉。例如，在开展折纸教学活动时，教师可以用纸折出五颜六色的蝴蝶（图3-26），将它们用线穿起来挂在墙上，孩子们被眼前花花绿绿的蝴蝶吸引，就会萌发折纸的愿望。

图3-26　五颜六色的蝴蝶

2. 提供材料，让幼儿充分接触

材料是幼儿手工制作的前提。在接触过程中，幼儿们会逐渐熟悉各种材料的性能，并根据需要做出选择。在幼儿的作品中，栩栩如生的表现方式可以展现幼儿对材料的理解。因此，应提供多种材料，让幼儿充分选择。例如，制作"节日花环"活动中，教师为幼儿提供皱纹纸、蜡光纸、彩色卡纸、花纹布、塑料花、鲜花等不同材料，幼儿会根据材料的性能，有针对性地挑选制作花环的材料，从而制作出各种精美的花环。

3. 讲解示范，使幼儿掌握基本技巧

手工活动中，折纸是一项需要有序进行的操作活动，教师的讲解示范非常重要，如图3-27所示。教师操作的每一个环节都要让幼儿看得清楚明白，有些方法可以让幼儿自己来尝试，再根据他们的问题作进一步讲解演示。孩子们掌握了一定的技能，积累了一定的感性经验，经过老师的启发和指点，才能插上想象的翅膀，发挥自己的能力，让头脑中的童话世界在手下展现出来。

图 3-27 教师讲解示范

4. 耐心指导，帮助幼儿顺利完成

手工活动涉及许多技能及方法，特别是一些细节的处理对幼儿来说比较困难，这时教师的指导就非常的重要。在讲解的过程中，教师可以帮助能力较弱的幼儿，在小范围内帮助一名幼儿，周围的幼儿等于又得到了一次听讲解的机会，如图3-28所示。对于难点，教师要及时进行调整，降低要求，使多数幼儿能顺利地完成操作。

图 3-28 耐心指导

5. 鼓励展示欣赏，使幼儿在交流中共同提高

在幼儿完成操作活动后，教师往往就认为幼儿已经完成了任务，达到了教育目标，而忽视了展示交流环节的重要意义。在展示交流活动环节中，教师要鼓励幼儿将自己的作品充分展示给别人（图3-29），并引导幼儿进行个性化表达，以提高幼儿的手工水平。

图 3-29 展示作品

6. 肯定幼儿能力，妥善处理幼儿的作品

幼儿的作品对于他们自己来说意义重大，所以教师要妥善处理幼儿的作品。而教师对于幼儿作品的重视、积累的行为，也正是对幼儿能力的肯定。教师处理幼儿作品的方式很多：作为玩具使用，作为艺术品装点环境，作为礼物送给朋友或者亲人等。总之，要使幼儿的努力与创造具有相应的价值。

思考题

1. 幼儿手工能力的发展包括几个阶段？每个阶段各有什么特点？
2. 幼儿手工包括哪些内容？

主题二 幼儿园手工活动案例分析

案例 3-4

中班折纸添画：小鱼

一、活动目标

（1）引导幼儿看懂折纸步骤图，并应用于实践。

（2）通过折纸活动，培养幼儿的观察力、想象力和手眼协调能力。

（3）通过故事情节，加强对幼儿分享意识的培养，使幼儿学会主动帮助别人。

二、活动准备

（1）海底世界挂图、热带鱼折纸添画范图、大海的背景图各一张。

（2）水彩笔、胶棒、各种色纸。

三、活动过程

（一）出示挂图，创设情境，引出课题

（1）"小朋友，我们来看看这神秘的海底世界吧，这里的景色美不美？"（教师出示海底世界挂图）

（2）"在大海里，有一条可爱的小鱼游过来了，它被眼前的美景深深地吸引，这时，它想起了它的伙伴们，它多么希望它们也能立刻到这来欣赏这美丽的景色啊！"（教师将范图贴到背景图上，引导幼儿快乐要与他人分享）

（3）"小朋友们愿不愿意帮助小鱼把它的朋友找出来呢？"（提问幼儿导入活动）

（二）出示折纸步骤图，学习折热带鱼的方法

1. 回忆边对边，角对角的折法

教师：要将正方形的纸变成三角形，我们该怎么折呢？

2. 引导幼儿看图示，调动幼儿的积极性

教师：小朋友们，看着图示你能折到哪一步呢？上面的箭头是什么意思？（教师请看懂图示的小朋友给大家示范并讲解，教师给予指导）

3. 用彩笔装饰小鱼

教师：小鱼折好了，让我们给它添上眼睛和漂亮的花纹吧！（用彩笔添画眼睛与花纹）

（三）幼儿操作，教师巡回指导（播放音乐）

（1）鼓励幼儿根据图示折出小鱼。

（2）在装饰小鱼时，鼓励幼儿大胆想象与创作。

（3）对活动中出现困难的幼儿教师要重点指导，并请动手能力强的幼儿主动帮助动手能力较弱的幼儿完成作品。

（四）展示作品，进行评价

（1）鼓励幼儿将折好的小鱼贴在背景图上，如图3-30所示。

（2）引导幼儿进行互评。（引导幼儿从作品平整、添画眼睛的位置、鱼身上的花纹等方面进行评价）

（3）教师点评。

图3-30　折好的小鱼

四、活动延伸

通过折叠小鱼，让幼儿对海底世界产生浓厚的兴趣，并通过各种方式去了解海底的奥秘，增加科普知识。

五、效果分析与反思

（1）本活动是根据中班幼儿的身心发展水平来设计的，通过挂图和故事导入提高幼儿的学习兴趣，使幼儿主动参与到活动当中，能够较顺利地完成本节教学任务。

（2）通过本节折纸活动，可以培养幼儿观察能力和模仿能力，让幼儿自己动手，使手、眼、脑相互协调，以此来发展幼儿的空间思维能力和想象能力，从而达到促进幼儿身心全面发展的目的。

（3）当在活动中发现幼儿之间存在个体差异时，教师应及时对动手能力较强的幼儿提出表扬，对于动手能力较弱的孩子教师应多鼓励与帮助，并鼓励幼儿之间互相帮助。要对不同层次的幼儿提出不同的要求，最终达到让所有的孩子在原有的基础上都有所提高。

案例 3-5

大班泥工活动：果篮

一、活动目标

（1）学习本课，探究超轻黏土的基本造型方法，引起幼儿对黏土制作的兴趣。

（2）学习用黏土做出各种水果的方法和步骤，并能制作出完整的作品，培养幼儿的动手能力、创造能力。

（3）在制作出水果造型的基础上让幼儿突破常规思想，对水果造型进行大胆的想象和创造，让作品变得更加生动。

二、活动准备

（1）超轻黏土套装、水果泥塑范品、小兔子毛绒玩具。

（2）歌曲《外婆的澎湖湾》。

三、活动过程

（一）创设情境，播放歌曲，导入新课

（1）教师："小朋友，今天有一位小客人要来我们这做客了，你们猜猜她是谁？"（展示小兔子毛绒玩具）

（2）"我们欢迎小兔子和我们一起欣赏一首好听的歌曲。"（播放《外婆的澎湖湾》）

（3）"小兔子告诉老师，听了这首歌，她特别想外婆，她想请小朋友帮她做一个果篮去看望外婆，小朋友们愿意吗？"（激发幼儿动手制作果篮的欲望）

（二）出示水果泥塑范品，幼儿制作

（1）出示水果制作的步骤图，引导幼儿回忆水果的制作方法。（使用团圆、压扁、粘贴等技法）

（2）重点强调水果叶子的制作方法。

（三）探索篮子的做法

（1）请小朋友们为水果制作篮子，积极思考篮子的制作方法。

（2）出示步骤图，幼儿动手制作，教师指导。（教师强调新技法——搓拧）

（四）作品展示，教师评价

（1）鼓励幼儿展示作品，如图3-31所示。（幼儿手拿作品，排成一列边唱歌边展示作品）

（2）幼儿对他人的作品进行评价。（引导幼儿从物体的细节方面评价作品）

（3）教师点评。

四、活动延伸

鼓励幼儿大胆发挥想象，为水果添加表情，培养幼儿的想象力和创造力。

图3-31 幼儿作品（篮子）

五、效果分析与反思

（1）本活动是根据大班幼儿的身心发展水平来设计的，教师导入范品、故事引起幼儿兴趣，使幼儿主动参与到活动当中。

（2）在制作篮子的环节，通过观察篮子的特征，鼓励幼儿探索，培养幼儿积极思考的习惯。

（3）在作品评比环节，让幼儿自评、互评作品，能很好地培养幼儿的自主学习能力和反思学习能力。

案例 3-6

小班手工剪纸：棒棒糖树

一、活动目标

（1）学画封闭的圆形，并能在教师的指导下将它撕下来。

（2）可以将不同颜色、不同大小的圆形拼贴在一起形成螺旋形，培养幼儿的审美能力。

（3）初步了解树给人们带来的好处，培养幼儿的环保意识。

二、活动准备

（1）不同颜色的卡纸、胶棒、画笔、背景图。

（2）各种形状的树干若干，树的图片。

（3）教师范画。

三、活动过程

（一）出示范画，导入新课

教师："今天老师给小朋友带来了一棵神奇的树，小朋友猜猜它是什么树？"

（二）师幼讨论

（1）教师和幼儿一起讨论在生活中见过的树，并描述各种树的形状。

（2）教师展示几种不经常见到的树的图片，开阔幼儿的视野。

（3）教师和幼儿讨论树给人们带来的好处，教师小结。

（4）鼓励幼儿制作手工树，引出保护环境的话题。

（三）教师演示棒棒糖树的制作方法

（1）选择自己喜欢的卡纸（图3-32）学画封闭的圆。

（2）用手沿边缘线将圆撕下（图3-33）。

（3）引导幼儿选择不同颜色，不同大小的圆贴在一起。

（4）将圆贴在树枝（图3-34）上。

（四）幼儿制作，教师巡回指导

（1）提示幼儿正确的撕纸方法。

（2）圆与圆的粘贴过程中，大圆在下，小圆在上。

（五）作品展示

将幼儿的作品贴在展示墙上，再加上标语：爱护树木。

四、活动延伸

设置"纸工区"，摆放幼儿纸工作品和各种备用纸张，供幼儿继续练习。

五、效果分析与反思

（1）教师根据小班幼儿的年龄特征和发展规律，设计了手工撕纸活动。教师利用范画展示导入新课，引起幼儿的学习兴趣。

（2）在幼儿撕圆的过程中，由于受到技能技巧等方面的限制，有的作品比较粗糙，这就需要教师循序渐进地指导，不求精细，只要形似即可。

（3）通过本节撕纸活动，训练幼儿手部的小肌肉，有利于开发大脑和挖掘潜能。

图 3-32 选择卡纸　　　　图 3-33 将圆形撕下　　　　图 3-34 树枝

1. 简述幼儿泥工活动的工具材料和基本技能。

2. 简述幼儿手工活动的指导方法。

单元四　幼儿园美术欣赏活动设计指导与实践

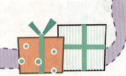

1. 掌握不同年龄阶段幼儿美术欣赏的特点。
2. 了解幼儿美术欣赏活动的内容及欣赏的技巧。
3. 通过幼儿美术欣赏活动提高幼儿的美感和想象力。

主题一　幼儿园美术欣赏活动的设计与指导

　　幼儿美术欣赏活动是教师引导幼儿欣赏和感受美术作品、自然景物和周围环境中的美好事物，体验其形式美和内容美，增强幼儿的审美情趣和审美能力的活动，它是幼儿美术教育的组成部分。美术欣赏是提高幼儿审美情趣、熏陶幼儿审美情感、启迪幼儿审美表现的一种方式。

一、幼儿美术欣赏的特点

1. 幼儿偏爱与自己日常生活、性格特点接近的作品内容

　　幼儿对美术作品的欣赏是有选择的。在各种美术作品中，幼儿偏爱与自己日常生活、性格特点接近的作品内容，对于美术作品内容的欣赏受自己日常生活经验的和性格特点的影响，而且性别差异也会使欣赏倾向出现明显的差异。

2. 幼儿偏爱清晰、明快的作品形式

　　除对作品内容的偏好外，幼儿对作品形式的感受也有其特点，如可以感受作品的造型、色彩、构图等形式，以及对称、均衡、变化等。总体来说，幼儿喜爱清晰、明快、有动感的画面。小班的幼儿喜欢欣赏构图简单、无背景、一目了然的作品。中班、大班的幼儿喜欢写实手法

的作品，那种细致的描绘可以给他们带来丰富的视觉体验。由于模糊的、虚的表现手法画出的形象难以辨认，这类作品不易吸引幼儿注意。

3. 幼儿对作品形象的观察存在不同的观察方式

通常，人们把观察局限于引导幼儿用眼睛去捕捉现象、考察事物。幼儿观察事物时，通过视觉获得信息是观察的主要通道，但观察不仅局限于视觉，它来自多种感知活动。有些幼儿喜欢通过视觉的方式来观察、感知作品的形象，有些幼儿则倾向于通过听觉或触觉来感知作品的形象。因此，教师在引导幼儿欣赏美术作品时，只有采用多种方法与感观，才能使欣赏过程更具实效性。

4. 幼儿理解作品美感较为肤浅，具有行动性

由于幼儿年龄小，知识经验匮乏，心理积淀少，往往对事物的外在美的明显特征产生好感。比如幼儿喜欢听节奏明快、曲调变化明显的曲调，喜欢听故事中动态情节的描述，喜欢鲜艳的色彩，但对色彩协调不敏感。他们对事物内在美的感受都较为肤浅。

二、如何赏析幼儿美术作品

1. 正确看待幼儿美术造型中的"像"与"不像"

美术作品是视觉艺术，造型是视觉艺术的语言。在实际生活中，许多幼儿家长在观赏幼儿绘画作品时，总是以"像"来评价作品："这画画得真好，画得多像啊！"家长和教师一定要从这样的观念和认识中跳出来。

在赏析幼儿美术作品时，应该更多地分析幼儿作品中所表现的事物是否丰富，是否展现了幼儿的体验思考与创造想象，以及作品中是否反映出幼儿良好的品质，如认真、大胆和自信等。

2. 赏识幼儿绘画作品中表现的丰富与童趣

无论是涂鸦期、图式期，还是视觉写实期的儿童美术作品，其表现力是否丰富是评析幼儿作品优秀与否的重要方面，也是了解幼儿智力发展情况的重要方面。单就绘画作品而言，表现力丰富与否主要体现在画面中所表现的主要的、本身的内容，以及与主题有关的其他内容是否丰富，画面中所表现的物体、线条、色彩等要素的变化程度。

现代艺术大师
马蒂斯

此外，还要懂得赏识幼儿作品中的趣味性。比如在一幅画中，幼儿用弯弯曲曲的线条描绘大怪兽，并配以鲜明的色彩，内容相当有童趣，因此在赏析时就应以趣味性为重点。

3. 幼儿美术作品中展现的认真、大胆与自信

认真、大胆与自信，是幼儿美术作品中反映出的良好个性品质。例如，认真是指幼儿绘

画作品中线条平稳、着色协调，整个画面强烈地渗透出孩子天真烂漫的稚气，敢想敢画，展现了绘画者的大胆与自信。

三、幼儿园美术欣赏活动的意义

1. 美术欣赏可以发展幼儿对美的感受力、理解力和表现力

人的审美能力并不是天生的，而是从幼儿时期开始逐渐培养起来的。幼儿在日常生活中受到的美的教育是有限的，有计划地引导幼儿参加美术欣赏活动，可以更有效地促进幼儿对美的感受力、理解力和表现力的发展。幼儿在美术活动中将自己在日常生活中对美的印象和感受通过各种美术手段具体表现出来，这不仅加深了他们对日常生活中的美的感受和理解，而且发展了对美的表现力。

2. 美术欣赏能发展幼儿的观察力、记忆力、想象力、创造力和行动力

观察是幼儿认识世界的重要途径，幼儿的观察能力决定了他们的知识水平。教师通过引导，促使幼儿去观察，经过观察又将物体（如房子）的形象牢牢记在脑子里，在画画之前再进行回忆，然后将物体（房子）画出来，这样也发展了他们的记忆力。如果在物体（房子）的周围画上其他物体（树木、汽车、行人）或涂抹上不同颜色等，又使他们的想象力和创造力得到发展。儿童表现美的过程就是创造美的过程。

另外，幼儿在感受事物时总喜欢看、摸、听、闻，通过多种感官活动和探索获得美感，同时，他们将对美的感受直接以动作、表情、语言和活动等方式表达出来。因此，幼儿对美的感受还具有行动性。

3. 美术欣赏能提高幼儿的语言表达能力

在欣赏美术作品时，教师鼓励幼儿大胆想象、各抒己见、畅所欲言、相互对话、相互倾听，在讨论中表达自己的理解和感受。在自由交流和表述中，幼儿不断获取同伴的信息，丰富自己的内心感受，将其表达出来，从而提高了幼儿的语言表达能力，丰富了词汇量。例如，在欣赏作品《聪明的猴子》时，幼儿创编出了许多有趣的故事。其中一个故事是这样的：小猴特别喜欢画画，有一天它得到了一支魔法蜡笔，画完的东西都能变成真的。它在路上遇到鸡妈妈想带着小鸡过桥，可是桥坏了，于是小猴就用魔法蜡笔画了一座桥；白天，它看见小狗热得直吐舌头，就用魔法蜡笔给小狗画了一棵大树，让小狗在树下乘凉；夜晚，它在森林里遇到了迷路的小兔子，就用魔法蜡笔画了一个灯笼送给小兔子。由此可见，通过欣赏作品，幼儿可以将自身的想象力和创造力用绘画语言表述出来。

四、美术欣赏活动的内容

（一）幼儿美术的不同时期

幼儿由于年龄、认知水平、个性和生活环境不同，兴趣会存在差异，在绘画中会体现个性和特征。比如在绘画活动中，女孩子喜欢画长发飘飘的"美少女"，男孩子则津津乐道自己作品中手拿兵器的"奥特曼"。又如，涂鸦期、象征期的幼儿喜欢描画小花、小草、大鱼、房子等比较单一的事物；形象期的幼儿却不满足于画一条大鱼、一座房子，而描画"神奇的海底世界""美丽的城堡"，认为才能表达他们内心世界的五彩斑斓……可见幼儿对绘画活动的兴趣指向是因人而异的。

幼儿的美术表现力和智力发展是同步的，虽然幼儿的美术表现力在各个年龄阶段也是按一定顺序发展的，但是智力的主导作用更为突出。对于一些智力发展和表现力不平衡的幼儿，美术教育可以促进他们均衡发展。因此，对于幼儿美术作品的赏析要建立在掌握幼儿各年龄阶段的美术特点及表现规律的基础上。

（二）幼儿美术欣赏内容的选择

1. 选择的作品内容要符合幼儿年龄特征与身心发展特点

选择的作品必须符合幼儿的年龄特征和欣赏水平，与幼儿日常生活、经验相似或接近。选择的对象可以是同伴的较好的、富有创意的作品，也可以是国内外优秀的幼儿作品，这些很容易被幼儿理解和接受。

2. 选择的作品内容要健康、积极、向上

选择的作品应能反映现实生活，并且情节简单、主题突出，能给幼儿以良好的教育，作品内容应健康、积极、向上，为幼儿将来树立正确的价值观、人生观奠定基础。

3. 选作的作品内容要具有艺术价值

《幼儿园教育指导纲要》明确指出，幼儿艺术领域教育的目标是"能初步感受并喜爱环境、生活和艺术中的美"。幼儿只有在美的艺术作品中才能够在情感上与美的作品产生共鸣。因此，教师在选择作品时必须选择那些具有艺术价值、形式完美、能给幼儿以美的感受的作品。简而言之，作品内容必须是简明易懂、形式完美的经典性美术作品，也可以是富有地方民族特色的民间艺术品，如天津的泥人张和杨柳青年画，也可以是古今中外各种题材的绘画、雕塑及工艺美术品。

（三）幼儿美术作品赏析

幼儿美术作品赏析如图 4-1~ 图 4-5 所示。

画面中,一个小女孩拉着手风琴,另一个小小孩则弹着吉他。率真又夸张的线条,将正演奏手风琴和吉他的伴奏者与飞鸟、音符搭配,构成一幅充满音乐感和童趣的画面。

图 4-1　欢乐音乐

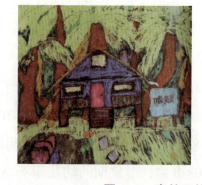

高大的树木,翠绿巨大的树叶,加上尖形的小木屋构成整个画面,小作者把自己想象的森林中的房子展现得淋漓尽致。

图 4-2　森林里的家

幼儿利用剪出的各种图形,发挥自己的想象力和创造力,拼出充满童趣和想象力的世界。

图 4-3　拼拼乐

在幼儿眼中,花瓶中的花色彩鲜艳、柔和、富有童趣。花朵用手指擦出色彩的变化,背景用湿画法表现出变化的艺术效果。

将生活中常见的五颜六色的吸管剪成小段,贴在卡纸上,构成充满童趣的画面。

图 4-4　吸管画

图 4-5　花瓶里的花

　思考题

1. 如何欣赏幼儿美术作品?

2. 幼儿园美术欣赏活动有什么意义?

主题二 幼儿园美术欣赏活动案例分析

案例 4-1

小班美术欣赏活动：花草地

一、活动目标

（1）欣赏作品《花草地》，感受春天草地的美感。

（2）大胆选色，运用点画表现茂密的花草地。

二、活动准备

（1）幻灯片《花草地》。

（2）红黄蓝黑颜料每桌一份，宣纸人手一张。

（3）音乐。

三、活动过程

（一）欣赏吴冠中的画作《花草地》（图 4-6）

1.引导幼儿观察画面，感受色彩美

教师：我们来到了什么地方？你看到了哪些颜色的小花？

教师：五颜六色的鲜花你挨着我，我挨着你，构成了一幅美丽的风景画。

图 4-6 吴冠中的画作《花草地》

2.引导幼儿想象花草地的味道

教师：多美呀，闭上眼闻一闻，闻到了什么？这阵阵的花香会把谁引来？

3.引导幼儿进行手指点画

教师：引来了谁呀？蜜蜂最喜欢在花丛中采花蜜，可是它觉得只有一片花草地不够，你们愿意为它们铺更多的花草地吗？

（二）个别幼儿示范手指点画

教师：如何来铺花草地呢？我们只有颜料，有什么办法？

教师：谁来试一试用手指点印花草地？

教师：先在种花草地的地方铺上肥沃的泥土。（用黑墨点印作底）

教师：怎样让花草上开满五颜六色的花？

教师：花草地上除了鲜花还有什么？（引导孩子在花的空隙处适当点画草叶）

（三）幼儿绘画花草地，教师观察指导

重点引导幼儿选用多种颜色表现花草地，鼓励幼儿大胆地将画面画满。

（四）展示和欣赏

（1）将幼儿的作品贴在黑板上组成大幅花草地。

（2）哪块花草地最吸引蝴蝶？为什么？从选色、密集程度等方面点评。

四、活动评析

《幼儿园教育指南》中指出"艺术是人类感受美、表现美和创造美的重要形式，也是表达自己对周围世界的认识和情感态度的独特方式"。每个幼儿心中都有一颗美的种子，教师要充分创造条件和机会，在大自然和社会文化生活中萌发幼儿对美的感受和体验，丰富其想象力和创造力，引导幼儿学会用心灵去发现和感受美、用自己的方式去表现和创作美。

本次开展的小班美术欣赏活动"花草地"，先欣赏吴冠中的名画《花草地》，再引导幼儿用手指点画，让幼儿在轻松、愉快的氛围中，感受多种颜色点晕所表现出春天草地的美，体验创作的快乐。

案例 4-2

中班美术欣赏活动：奇妙的冷暖色

一、活动目标

（1）了解冷暖色的特点，体验冷暖色带给人的不同感受。

（2）尝试以暖色为主创作一幅画。

（3）提高运用色彩的能力，体验色彩创作的乐趣。

活动重点：认识冷暖色，感知色彩的冷暖，体验冷暖色带给人的不同感受。

活动难点：尝试以暖色为主创作一幅画。

二、活动准备

暖色色卡、冷色色卡若干，课件图片，蜡笔，图画纸若干，冷暖色的"家"。（纸箱两个，上贴太阳和雪花各一个）

三、活动过程

（一）展示课件，引导幼儿观察课件

（1）今天老师带来了一幅画（图4-7），大家看看画的是什么？太阳是什么颜色的？太阳照在我们的身上有什么感觉？引导幼儿用动作或词语表达。

教师小结：这幅画用红、橙、黄色来表现太阳，让我们觉得很温暖。

（2）现在请小朋友看看这幅画（冬天的景象）：画的是什么季节？图上有什么颜色？看了这幅画后你感觉怎么样？

教师小结：这幅画用白、蓝、绿色来表现冬天，看了以后让我们觉得比较冷、比较安静。

图4-7 活动用画

（二）展示图形课件

1.展示暖色图形

这些图形是什么颜色的？看了这些颜色后你感觉怎么样？

教师小结：这些红色、黄色、橙色如同太阳给我们的感觉一样温暖，给我们带来新的温暖和希望，它们属于暖色。

2.展示冷色图形

这些图形是什么颜色的？看了这些颜色后你感觉怎么样？

教师小结：蓝色、绿色、紫色好像冬天给我们的感觉一样比较冷、比较安静，它们都属于冷色。

（三）引导幼儿对比图案相同、颜色不同的两幅画（课件）

我们画画时经常用到冷色和暖色，用的颜色不同给人们的感觉也会不同，接下来我们一起来看看这两幅画：这两幅画一样吗？有什么不同？看了以后你感觉怎么样？

教师小结：这幅画以蓝色为主，蓝色属于冷色，所以给我们的感觉比较冷；另一幅画以橙色为主，橙色属于暖色，所以给我们的感觉比较温暖。

（四）引导幼儿欣赏名画

（1）引导幼儿欣赏暖色调的名画：这些画用了哪些颜色？看了后你感觉怎样？

（2）引导幼儿欣赏冷色调的名画：这些画用了哪些颜色？看了后你感觉怎样？

（五）游戏"颜色宝宝找'家'"

要求：将颜色宝宝分别放到自己的"家"中。（分冷、暖色）

刚才我们认识了暖色和冷色，现在我们来玩一个游戏，小朋友的篮子里有一些卡片，大家看看它们是什么颜色，然后帮它们找"家"，把属于暖色的卡片送到贴

着太阳的房子里，把属于冷色的卡片送到贴着雪花的房子里，看看谁送得又快又对。

游戏后教师小结：我们来看看小朋友送对了吗？这是什么颜色？它属于暖色还是冷色？

四、活动延伸：画太阳

（1）今天我们认识了暖色和冷色，也看了很多暖色调的画，我们一起来学习用这些暖色画温暖的太阳，小朋友们想一想，用什么颜色才能让太阳更温暖。要求：

①用暖色来涂颜色。

②太阳可以是变化的，光芒可用直线、曲线、光环、火焰等来表现。

幼儿作画，教师巡回指导。

（2）展示幼儿作品：谁来介绍一下自己的作品，你用了哪些颜色？你画的太阳给人什么样的感觉？

五、活动评析

为了更好地培养幼儿运用色彩的技能，本次活动通过五个环节来引导幼儿感知、欣赏色彩。首先引导幼儿欣赏两幅作品，让幼儿对两幅画中的主色调有较清楚的认识；然后引导幼儿认识冷暖色。为了解决本活动的重难点问题，活动中引导幼儿欣赏图案相同、颜色不同的两幅图画，在两种截然不同的色彩对比中，孩子们感受到了冷暖色对画面的作用。在欣赏了大量不同色调的作品后，根据幼儿喜爱游戏的特点，创设了游戏"颜色宝宝找'家'"，在游戏中，孩子们很快就能区分颜色所属的色调。最后，引导幼儿用暖色来画温暖的太阳，引导幼儿学以致用。通过层层深入的环节，孩子们对冷暖色调有了初步的认识。在作品中，孩子们能用暖色调表现太阳，通过此次活动进一步提高了运用色彩的技巧，掌握了在作品中用色彩表达各种不同情感的方法。

案例 4-3

大班美术欣赏活动：青花瓷

一、活动目标

（1）了解青花瓷花纹的主要特征，欣赏其明净、素雅的美。

（2）知道青花瓷是我国传统艺术作品，尝试用多种方法装饰青花瓷。

（3）能用连贯的语言表达自己的想法，形成大胆、开朗、积极、向上的个性品质。

二、活动准备

（1）经验准备：青花瓷相关知识。

（2）物质准备：PPT、青花瓷图片、装饰有青花瓷花纹的实物、图片等。

（3）幼儿操作材料准备：泡泡泥、蓝色白板笔，彩色水粉、水粉笔，各种纸餐具、塑料花盆、塑料小瓶。

三、活动过程

（一）初步感知青花瓷的色彩美，了解青花瓷（在音乐声中带领幼儿进入活动室欣赏青花瓷）

教师：今天我给小朋友们带来了好看的青花瓷图片（图4-8），小朋友们是不是也从家里带来了图片呢？咱们看一看图片上的瓷器一样不一样，又有哪些不同特点呢？

小结：青花瓷只有蓝白两色，给人的感觉明净、素雅。

（二）理解青花瓷的装饰特点，进一步感受青花瓷的构图美

（1）再次欣赏青花瓷（观看PPT）。这次欣赏的时候，请小朋友们仔细观察，青花瓷的花纹和图案有哪些？

（2）用连贯的语言说说看到的青花瓷的花纹图案都有什么。

小结：青花瓷的花纹图案有的来自大自然，也有的代表人们心中美好愿望的吉祥物等。

（3）了解青花瓷花纹排列上的特点。

① 观赏笔洗，总结图案特点。

小结：单纯的绘画，没有其他花纹装饰。

② 观赏壶，总结花纹特点。

图4-8　青花瓷图片

小结：按照花纹图样有规则地排列。

③ 观赏盘子、花瓶，总结花纹和图案特点。

小结：把绘画和花纹相结合，中间是一幅主题绘画，周围用了一些小花的图案有规则地装饰。

（4）认识青花瓷中常见的花纹：云纹、卷草、莲瓣、古钱、海水、回纹、朵云、蕉叶等花纹，还可以画人物、动物或线条等。

（三）大胆创新，尝试多形式地装饰青花瓷

（1）自己选择材料，尝试创作。

　　教师：今天我们就来做一名青花瓷设计师。我为你们准备了各种纸餐具、塑料花盆、塑料小瓶等材料，请小朋友们选用线描、水粉、泥塑等三种方法，大胆设计你心目中的青花瓷。设计的时候可以把你认为最美的和你最喜欢的图案加入进去。画完以后请将作品放在展示栏上，到时老师会请你上台来分享你的作品。（幼儿操作，教师指导，PPT滚动播放青花瓷视频）

　　（2）请幼儿介绍自己设计的青花瓷。

　　教师：你是用什么方法来设计青花瓷的？在你的青花瓷里有什么？代表什么意思？（表扬有创意的作品）

　　（四）活动延伸

　　教师：在生活中，青花花纹不仅可以运用在盘子上，还可以运用在很多生活用品中，让我们一起来欣赏青花花纹的美吧！

　　小结：看了以上的图片，我们知道美丽的青花花纹已经将生活中的很多物品装饰得更加素雅而且清新。希望等你们长大可以成为设计师，将我们中国的青花瓷设计得更出色！

1. 幼儿园美术欣赏活动包括哪些步骤？
2. 完成中班美术欣赏活动"中国戏剧脸谱"的教学设计。

单元五　幼儿园环境的创设与指导

主题一　幼儿园环境创设原则

1. 了解幼儿园环境创设的分类。
2. 掌握幼儿园环境创设的原则。
3. 学会幼儿园主题墙、活动角、吊饰制作等室内环境的创设方法。

【情境创设】

因城市建设的需要，某幼儿园于 2011 年搬迁到一个已经撤销的小学校园内，在园的幼儿从原来的 300 多名锐减到 80 多名。2013 年，幼儿园新增了设备，重新装饰了园舍，环境如图 5-1 所示。园地还是那块园地，牌子还是那块牌子，教师还是那些教师，可是在园的幼儿却猛增到 600 多名。为什么会发生这样的变化呢？

图 5-1　幼儿园环境

《幼儿园教育指导纲要》高度重视幼儿园的环境。其中"总则"部分第四条提出"幼儿园应为幼儿提供健康、丰富的生活和活动环境，满足他们多方面发展的需要，使他们在快乐的童年生活中获得有益于身心发展的经验"。"组织和实施"部分的第八条又提出了三条具体的要求。如何创设有利于幼儿健康、全面发展的环境，是所有幼儿教育工作者都要认真思考的问题。

【基础知识】

伴随着《幼儿园教育指导纲要》的落实，幼儿园环境的创设也逐渐发生着观念上的变化。从教师把几只小动物、一两棵树的图片贴在墙上简单布置一下，到重视美化环境、有情景的布置，再到认识环境是重要的教育资源，这个变化的过程恰恰说明了在幼儿教育中，要重视环境的创设与促进幼儿发展的关系，感受到幼儿是在对环境和材料的探索中建构知识的，只有适宜的环境、材料，才能激发幼儿的探究欲望，才能实现和发挥环境创设的目标性、参与性及教育的功能性。环境是幼儿的第三位老师。环境的创设和利用，能够有效地促进幼儿的发展。

一、幼儿园环境

幼儿园环境是指幼儿园内幼儿身心发展所必须具备的一切物质条件和精神条件的总和。物质条件主要包括教学设施、生活设施等有形的物质（图5-2~图5-9）；精神条件主要包括文化环境和心理环境，其中集体氛围、活动气氛可归于文化环境，师生关系、教师的人格特征可归于心理环境。

幼儿园环境既有保育的性质，又具有教育的性质。幼儿园环境创设主要是指教育者根据幼儿园教育的要求和幼儿身心发展规律，充分挖掘和利用幼儿生活环境中的教育因素，创设幼儿与环境积极作用的活动场景，把环境因素转化为教育因素，促进幼儿身心全面发展。

图5-2 某幼儿园环境1

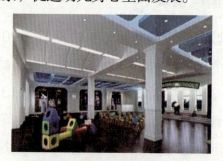

图5-3 某幼儿园环境2

图5-4 某幼儿园环境3

图5-5 某幼儿园环境4

图 5-6　某幼儿园环境 5

图 5-7　某幼儿园环境 6

图 5-8　某幼儿园环境 7

图 5-9　某幼儿园环境 8

二、幼儿园环境的（区域）分类与创设

幼儿园环境按区域可分为幼儿园户外环境和幼儿园室内环境。

（一）幼儿园户外环境

幼儿园户外环境是指进入园区后到幼儿园教学楼前的区域，包括门口、户外草坪、户外活动区域、户外养殖区、户外种植区等，如图 5-10~ 图 5-14 所示。

图 5-10　某幼儿园门口

图 5-11　某幼儿园户外草坪

图 5-12　某幼儿园户外活动区域

图 5-13　某幼儿园户外养殖区

图 5-14　某幼儿园户外种植区

　　幼儿园的户外环境对幼儿的生理和心理发展起着积极作用，在布置幼儿园户外环境时，要考虑到安全、科学、童趣、美观等因素。幼儿年龄较小，且好动喜玩，但又缺乏自我保护意识和能力。因此，活动场地应尽可能软化，如开辟草坪，铺上休闲地毯，或者铺上塑胶等。此外，还要注意在滑梯等器械周围的地面上设置保护装置，防止幼儿不小心摔伤，如图 5-15 所示。墙角、花池、养殖园的设计，都应该考虑安全因素。从童趣的角度来看，户外环境的布置应尽可能从幼儿身心发展的特点出发，做到富有儿童情趣。例如，幼儿大多喜欢走弯曲的小路，攀爬栏杆等，可以利用场地边缘进行相关设计。

图 5-15　幼儿园器械

（二）幼儿园室内环境

　　幼儿园室内环境包括大厅、走廊、楼道、专用活动室及各班级教室等。

1. 大厅

　　大厅是幼儿、教师、家长经常进出的区域，创设时可根据不同的主题布置。例如，可以根据节日的主题布置，也可以根据班级的主题布置，还可以根据其结构位置进行布置，如图 5-16 所示。

2. 走廊

　　走廊是通往楼道的通道，也是幼儿经常进出的区域。在环境布置方面，可以利用幼儿的作品来营造走廊的气氛，也可以创设多变的活动区来调动幼儿的积极性和主动性，还可以根据幼儿园的特色布置。例如，某部队幼儿园按部队特色布置、科学单位下属幼儿园的布置突出科学的特色等，如图5-17~图5-19所示。

图 5-16 某部队幼儿园大厅

图 5-17 某部队幼儿园走廊

图 5-18 具有部队特色的活动区

图 5-19 具有科学特色的活动区

3. 楼道

楼道区域往往空间比较小，属于通道区域，不适合幼儿长时间停留。进行环境布置时要色块大、密度小，使幼儿一目了然，如图5-20所示。在布置时，可以加入"请靠右边走""向上、向下"等安全提示性语言。

4. 专用活动室

专用活动室是根据教育活动的需要，专门创设的活动教室。例如，科技活动室、多媒体教室、幼儿阅读室、多功能教室、美工教室等。幼儿园

图 5-20 楼道环境

可根据本园实际情况创设，一般中、小园可创设多功能活动室，一室多用。专用活动室空间要大一些以保证幼儿有宽松的操作体验，一般要能同时容纳一个班的幼儿开展活动。在布置时，应根据活动室的教育功能来摆放玩教具，如图5-21和图5-22所示。

图 5-21 多功能活动室

图 5-22 美工活动室

5. 班级教室

班级教室一般可分为小班教室、中班教室、大班教室。在布置教室时，不仅要根据幼儿的年龄特点创设，还要考虑到幼儿的认知特点、生活经验、思维方式、心理需求等因素。例如，小班教室通常采用形象活泼、造型生动的画面。另外还要与日常生活相结合，可创设认识水果、蔬菜、小动物及良好行为常规等方面的内容，来帮助小班幼儿认识事物或进行常规教育；由于中班幼儿思维有了进一步的发展，在布置中班教室时，内容要更丰富一些；大班幼儿的思维更加活跃，审美能力有了提高，知识面也拓宽了，布置大班教室时可偏重知识性、抽象性的内容。

三、幼儿园环境创设的原则与指导

"环境是幼儿的老师"，幼儿不仅是在环境中成长，也在环境里探索和学习。蒙台梭利认为，儿童对环境的依恋心理强烈，很想从环境中发掘想探索的事情，发展理解力、创造力。正如《幼儿园教育指导纲要》所指出的：环境是人赖以生存和发展的物质、社会、心理条件的综合。总之，环境对幼儿的发展起着积极的作用。那么，应该如何进行环境创设呢？

1. 安全性原则

安全的幼儿园环境是幼儿发展必备的条件，只有在安全的环境下，幼儿的生命健康才能得到保障，才能自由快乐地发展。因此，幼儿园环境要无污染，使用的材料要环保，不能包含有毒物质，确保材料、工具、物品、设施等合理地选择和安全地使用，如图5-23~图5-26所示。

幼儿园环境安全性指导建议见表5-1。

表5-1 幼儿园环境安全性指导建议

内容	指导建议
大型塑料玩具	选择无毒、无害、质量好的材料；定期消毒，定期安全检查
活动场地	尽量软化地面，如铺户外地毯；有安全标识，处处提醒
植物区	选择安全植物，特别注意：仙人掌、夹竹桃不适合在幼儿园种植
活动室、寝室	要做到用紫外线消毒或者消毒液消毒，玩教具要定时消毒（消毒液要放在安全处，地面保持干燥、无水渍）
	电器、插座要放在安全处，避免幼儿接触，特别注意插座不能距离幼儿的床铺太近
	桌椅选用圆角的，区域角材料的投放尽量选用安全的材料

图 5-23　楼梯标识提示

图 5-24　安全标识

图 5-25　玩教具的摆放 1

图 5-26　玩教具的摆放 2

【案例 5-1】

　　某幼儿园在装修时，为了让空间看起来大一些，把连接走廊与教师办公室的门换成了透明的落地式玻璃门。平时为了教师们进出方便，门基本上都是开着的。有一天傍晚，教师们下班后就顺手把门关上了。办公室附近有一个小托班，幼儿们在走廊上自由活动，在追逐玩闹时，一个幼儿朝玻璃门跑了过去，撞在玻璃门上玻璃门破碎了，幼儿被玻璃划伤。虽然没有生命危险，但是这个幼儿身上留下了多处疤痕。

　　同学们，看到这个案例，你会想到什么呢？

2.适宜性原则（发展性原则）

　　从一般年龄特征来说，小班、中班、大班幼儿具有明显的身心发展上的差异，所以他们需要的环境也是不同的。因此，要根据幼儿不同的年龄特征为其提供合适的发展环境，如图 5-27~ 图 5-29 所示。同时，环境的创设不仅要考虑到幼儿的共性，也要关注每个幼儿的个体差异，要让每个幼儿都能在不同的环境中得到最大限度的提高和发展。例如，进行"妇女节"墙饰的布置时，小班、中班、大班的墙饰不同，小班以"妈妈爱我，我爱妈妈"为主题，展出"我和妈妈"的照片，贴上送给妈妈的礼物；中班的主题可以是"我为妈妈做礼物"，

幼儿画出各种各样的礼物，并贴在墙壁上；大班以"妈妈的一天""妈妈多辛苦"为主题布置墙壁，在用废旧物制成的时钟下讲述包括妈妈上班、做家务、照顾家人、在灯下加班等一天的辛劳生活。

幼儿园环境适宜性指导建议见表5-2。

表5-2　幼儿园环境适宜性指导建议

内容	指导建议
墙饰	根据教育目标和幼儿的现有水平进行布置，分期变换创设内容。 小班：选择简单的墙饰。中班：可选择具有一定情节内容的墙饰。大班：可选择偏重知识性内容的墙饰
玩教具的投放	材料的多少和层次要符合孩子的发展需要。小班同品种玩教具数量多一些，中班和大班提供的玩教具可以一物多用。有的幼儿小肌肉动作发展较慢，可摆放一些串珠、拼插、剪贴的玩教具；有的幼儿大肌肉动作发展慢，可提供脚踏车、攀登架等，让幼儿进行练习
教育内容	要根据教育目标和幼儿的现有水平进行考虑，如创设问题情境——感知雨，给幼儿准备雨伞、雨衣、雨鞋等，在雨中体验和感知雨

图5-27　小班区域角"过家家"　图5-28　中班区域角"贝贝理发店"　图5-29　大班区域角偏重知识性内容

3. 教育性原则

幼儿园环境是幼儿园课程的一部分，在创设幼儿园环境时，要考虑其教育性。为了保证环境的教育性，必须让环境的每一部分都有利于幼儿德、智、体、美的全面发展，如图5-30~图5-32所示。

幼儿园环境教育性指导建议见表5-3。

表5-3　幼儿园环境教育性指导建议

内容	指导建议
墙饰	在布置墙面环境时应明确目标，而且要把目标落实到月计划、周计划、日计划，以及每个具体的活动中，以目标为依据，与教育内容相结合来创设环境
活动角的创设	为幼儿提供社会认知、社会情感、社会行为发展的环境，促进幼儿德、智、体、美全面发展，如开设角色区、美工区、自然角等
玩教具的摆放	根据教育活动内容，可摆放不同的玩教具

图 5-30　某幼儿园区域角1

图 5-31　某幼儿园区域角2

图 5-32　大班主题墙

4. 参与性原则（自主性原则）

幼儿是环境的主人，也是幼儿园环境创设的出发点和服务对象。幼儿园环境创设要尊重幼儿的主体地位，让其参与环境创设的过程，培养他们的自主能动性，发展幼儿的创造力，如图 5-33 和图 5-34 所示。

幼儿园环境参与性指导建议见表 5-4。

表 5-4　幼儿园环境参与性指导建议

内容	指导建议
环境创设中的自主性	在主题环境创设中，可以让幼儿的经验以主题方式呈现。 在日常的环境创设中，可以让孩子参与提示，如"天气预报""我是值日生"等。 布置幼儿园公共区域环境时可展示幼儿手工、绘画等作品
环境使用上的自主性	创设自主的生活环境，如自觉地洗手、吃饭，饭后收拾自己的区域，把自己的餐具放回原处等。 创设自主的学习环境，如区域角变整理为游戏，把玩教具放回原处、自己制定活动计划、讨论制定图书角使用规则等。 创设自主的活动环境，如幼儿自主结伴活动、自主选择操作材料等

图 5-33　幼儿自主创设环境

图 5-34　积极主动地参与

5. 开放性原则

开放性原则是指创设幼儿园环境时应把大小环境有机结合，在空间、内容、参与者等方面体现开放性的理念，形成开放的幼儿教育系统。通过大小环境的相互结合（学校与家庭、社区的合作）让幼儿在开放的"生活环境"中自由发展，如图 5-35~ 图 5-37 所示。

幼儿园环境开放性指导建议见表 5-5。

表5-5 幼儿园环境开放性指导建议

内容	指导建议
空间上的开放	利用幼儿园的本园环境，开设亲子互动专题。例如，利用园外长廊进行亲子互动、创设照片墙等。 自然环境的充分利用，如利用园内环境进行运动锻炼。 教室区域角的开放。 综合利用各种社会环境资源为幼儿创设环境。例如，春天可以带领幼儿去附近的公园踏青，去超市体验购物等
内容上的开放	除常规内容外，可以创设各类与幼儿生活经验相关的时事报道
参与者的开放	比如设家长开放日，可以邀请幼儿的爸爸、妈妈、爷爷、奶奶、姥姥、姥爷等参与

图5-35 幼儿在墙面上体验交通规则　图5-36 某幼儿园超市体验1　图5-37 某幼儿园超市体验2

6. 经济性原则

经济性原则是指创设幼儿园环境时应考虑园所的实际情况，做到因地制宜。具体做法就是以最小的投入（人力、物力、财力）获取最大的效率和效益，如把资金重点投入在空间使用的多功能性、材料使用的多样性上，如图5-38~图5-43所示。

幼儿园环境经济性指导建议见表5-6。

表5-6 幼儿园环境经济性指导建议

内容	指导建议
空间使用上的多功能性	根据本园实际情况创设环境，如专用教室的多功能性、巧妙利用地面环境等
材料使用的多样性	可根据幼儿的兴趣特点，投放自然材料开展学习和探索的活动，如利用水、沙子、树叶、果实创设游戏等。 废旧材料的利用，如饮料盒、纸盒等。 生活用品的利用，如冰糕棍的拼插、纸盘等

图5-38 多变的游戏形式　图5-39 鸡蛋托的巧妙利用　图5-40 易拉罐制成的玩教具

图 5-41　塑料瓶的妙用

图 5-42　跳格子

图 5-43　多功能活动室

1. 简述幼儿园环境的分类。

2. 创设幼儿园环境需要遵循哪些原则?

主题二　幼儿园室内环境创设的指导

"环境是幼儿的第三位教师"，在幼儿园的教育活动中，环境作为一种"隐性课程"，是幼儿每天都要接触的，它影响着幼儿身心的发展、社会化发展及个性的发展。幼儿园环境的创设不只是强调其装饰化的作用，而更应该是实现幼儿与环境互动，从而促进幼儿的成长。

在幼儿园班级环境创设过程中，要以幼儿的发展需要为出发点，充分发挥他们的主体作用，鼓励幼儿积极参与，引导幼儿与环境积极互动，在互动的过程中促进其全面发展。因此，科学地进行幼儿园环境创设是幼儿园日常教育活动的一个重要的组成部分。

本主题将从主题墙、活动角、吊饰三个方面来进行室内环境创设。

一、主题墙创设

主题墙一般是指幼儿园各班级教室中的墙壁，它主要是根据各班所开展的教育活动内容设计和布置的。例如，春天到了，各班都在开展关于春天的主题活动，教室中的墙面就要根据"春天"这个主题来进行装饰和布置。

主题墙创设是幼儿园班级环境创设的重要内容之一，是幼儿园教育教学的有效载体。幼儿园的主题墙，幼儿应该成为创设的主人，让他们与环境有效地对话，使主题墙成为他们的互动学习的平台，从而促进幼儿全面的发展。

1. 发挥幼儿的主体作用——"让幼儿成为环境的主人"

幼儿园主题墙的创设要以幼儿发展的需要为目标，紧紧围绕教育目标和教育内容，由幼儿、幼儿家长、教师共同参与，使主题墙成为一种重要的教育资源。在主题墙饰的创设中，教师要以幼儿为主，充分发挥他们的主体作用，让幼儿成为环境的主人，把墙面环境创设的主动权交给幼儿。教师的角色要从原先的直接参与者变为观察者、倾听者、合作者。教师需要通过多关注幼儿的需求，激发他们创设主题墙饰的积极性。例如，对于小班刚入园的幼儿，教师可以结合"亲亲我家"主题（图5-44），在墙面上贴上全家照，这样可以减少幼儿在刚入园时存在的焦虑和不安。又如，周末放假回来，教师发现孩子们在谈关于春游的各种趣事，就可以创设关于春天的主题（图5-45）。

图5-44　小班主题墙"亲亲我家"

图 5-45　大班主题墙"我们在春天里"

　　"家园合作"是促进幼儿全面发展的有效途径，只有参与环境创设，家长才能感受到环境对幼儿发展的意义，由家长欣赏变为家长参与。例如，在"我长大了"主题活动中，让家长把记录孩子成长的照片拿出来，家长们相互欣赏、分享，幼儿们相互讲解，共同交流和见证孩子的成长。在讨论什么是好朋友、谁是自己的好朋友时，让幼儿们讲述并发表自己的看法，最后请家长帮助幼儿和他们的好朋友拍照留念。

　　教师要让幼儿作为主题墙布置的主人，合理利用主题墙和副主题墙来呈现幼儿园、家庭、社区三位一体的教育模式。这种环境的创设是家长了解幼儿的重要途径，不仅反映了幼儿的学习成果，还反映了教师的教育过程，正是家园共育的好时机。

　　2. 主题墙的内容来源于幼儿，并与教育活动形成"生成性课程"

　　环境创设一般以主题的开展为线索，配合教育的需要进行主题墙创设。在创设主题墙时，教师要经常关注孩子的需要，以幼儿的眼光看问题、看世界，并允许幼儿在活动时根据自己的经验调整墙饰，使他们在此过程中成为建构自己知识的主角，也就是让墙饰成为幼儿学习过程与成果的记录。创设主题墙时可留有空白，以便在幼儿的兴趣需要发生变化时更换新的教育内容。

　　此外，主题墙的内容要来源于生活，因此应根据节日、季节的变化创设主题墙，如图 5-46~ 图 5-48所示。

图 5-46　六一儿童节的主题墙

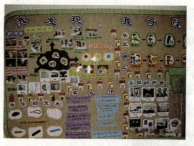

图 5-47 根据教育需要创设的主题墙

图 5-48 冬天的主题墙饰

主题墙的创设要根据幼儿的需要不断丰富和变化，在这个过程中，幼儿通过不断收集、储存、整理、交流与分享信息，来提升他们的观察、思维、交往及表达的能力。

【案例 5-2】

教师甜甜在语言游戏"开火车"中发现，大部分幼儿火车开往的目的地仅仅局限在我们周围城市或景点，如石家庄、北京或天安门等，雷同现象时有发生。为了丰富幼儿视野，教师甜甜便鼓励幼儿每晚 19 点 30 分收看或收听"天气预报"。一周下来，幼儿们知道的城市渐渐多起来了，于是，教师甜甜在主题墙上绘制了一张中国地图。游戏时，幼儿们说出城市名称，教师甜甜就同他们一起在地图上找到该城市，幼儿们参与游戏的热情更加高涨。有一天，几个男孩子在一起讨论坐什么车去香港，有的说"坐火车"，有的说"开汽车"。教师甜甜则想：为何不让幼儿自己设计制作交通工具呢？由此开展了一次手工制作活动。孩子们用饮料瓶、纸盒等各种废旧物品制成了公共汽车、货车、小汽车、火车、飞机……根据孩子们的愿望，教师甜甜把这些车固定在地图的周围。就这样，以"我要出发了"为主题的墙饰产生了。

3. 发挥主题墙的教育功能，合理布局

首先，主题墙的墙饰要形象生动、色彩鲜明。创设时要考虑幼儿的年龄特点，如在"国庆节"这个主题墙创设中，小班创设是简单的墙饰（国旗、天安门、华表）；中班创设时除形象的墙饰外，还有一些情节性的内容（国庆节的由来、我的国庆节等）；大班创设时形象的装饰减少了，更偏重知识性的内容。近几年来，传统文化越来越多地渗透在幼儿园墙饰创设中，开阔了幼儿的视野，丰富了他们的知识，如图 5-49 所示。

图 5-49 幼儿们正在进行以传统文化为主题的活动

其次，根据幼儿视平线，合理安排主题墙的空间。前文提到"幼儿园环境的创设是以幼儿的需求为目的"，所以在主题墙创设中教师要考虑到幼儿自身特点，将墙饰降低到与幼儿视线相平的高度，让幼儿能够看得到、摸得到。例如，将一些标题文字、装饰性材料放在主题墙靠上方的位置，将供幼儿操作的部分放在幼儿可触摸到的位置。如果主题墙版面有限，可以重叠展示幼儿的作品，或者采用悬挂的方式展示幼儿的作品，让幼儿随时可以学习，将主题墙的教育功能最大化。

最后，根据幼儿情况，合理安排装饰任务。幼儿的能力存在差异，如有的幼儿制作出来的作品美观，而有些幼儿做出来的作品不够美观。教师可根据幼儿能力层次的不同，安排幼儿布置不同的内容，在幼儿能力的基础上进行布置。对于能力弱的幼儿，可引导他们参与资料的收集或边框装饰的制作，有效地调动每一位幼儿参与的积极性。当幼儿看到自己的劳动成果时，不但获得了成功的体验，而且会主动欣赏和学习，在这个过程中，他们的能力得到了提高。

二、活动角创设

教师根据幼儿的兴趣和发展的需要，在幼儿园中为幼儿设置一定的教育环境，称为"区域"，让幼儿通过区域游戏来操作，从而促进幼儿的全面发展。总而言之，区域活动角是指教师根据幼儿的发展现状和发展目标，创设有趣的、多样性的学习环境（活动角），在各区域内提供有深度和有层次的活动材料，幼儿根据自己的兴趣和能力，自愿选择活动材料，在环境中有效地、系统地活动，从而得到全面的发展。

（一）幼儿园室内活动角的类型和功能

幼儿园室内活动角的类型和功能见表5-7。

表5-7　幼儿园室内活动角的类型和功能

区域名称	主要功能
操作区	通过各种与生活相关的模仿性操作与练习，发展幼儿编、系、扣、穿、夹等基本生活操作能力
语言阅读区	通过对图书、图片、头饰、玩偶等的观察、讲述、操作、拼摆等活动，发展幼儿的观察能力和语言表达能力
美工区	通过撕、贴、剪、画、捏、做、穿、编等操作表现活动，发展幼儿的动手操作能力，以及欣赏美、表现美和创造美的能力
建构区	通过积木、材料的操作和建构游戏活动，培养幼儿的空间知觉能力，发展幼儿的空间想象、动手操作及合作交流的能力
角色游戏区	通过模仿各种社会活动，帮助幼儿学习各种社会性行为，发展交往能力，培养幼儿的主动性、独立性和创造性，促进幼儿社会性的发展。角色游戏区主要有：娃娃家（小班）、美发屋、超市、美食城、快乐小吃吧、小医院等

续表

区域名称	主要功能
益智区	通过棋类、拼图、拼插等益智类游戏活动，发展幼儿的思维能力及动手操作能力等
自然角	为幼儿提供一个观察自然的窗口，使幼儿能自主地对动物和植物进行观察和探索，培养他们的观察力，从而激发幼儿对自然的兴趣及探索大自然奥秘的求知欲

（二）幼儿园的室内活动角设置要求

1. 根据各年龄段幼儿的身心发展特点进行区域设置

适合小班设置的室内活动角（图5-50~图5-55）有阅览区、语言区、自然角、娃娃家、美工区、积木区、操作区。适合中班设置的室内活动角有阅览区、语言区、自然角、角色区（医院、超市、美发屋）、美工区、科学发现区、操作区、建构区。适合大班设置的室内活动角有阅览区、语言区、自然角、角色区（比中班角色区的范围更丰富）、美工区、建构区、科学探索区、益智区。

图5-50 自然角

图5-51 美工区

图5-52 娃娃家

图5-53 科学发现区

图5-54 建构区

图5-55 操作区

2. 合理安排活动角的位置

创设活动角时，可以利用桌子、玩具柜及大型建构玩具拼搭组合的方式进行空间分隔，每个活动角要标上名称，如语言区、美工区、益智区、科学区、建构区、表演区等。设置这些区域时须注意"动静分离"，即安静的区角与嘈杂的区角要分隔开，如阅读区和益智区是相对安静的区域，这就须与建构区及表演区分隔开，避免相互干扰。同时，还要注意区域的创设应随着幼儿能力的发展及兴趣的变化而调整。例如，拼插区的小朋友在精心设计制作出自己的作品之后把他们放到建筑区的小小展览会上进行买卖："我的小飞机六元，你给我十元，我应该找你四元。"幼儿不仅成就感得到提升，他们在游戏之中还进行了货币转换、加减等运算，数学活动也渗入活动中。

另外，自然角一般设置在窗台或阳台上，而阅读区则要设置在光线好的区域。

【案例5-3】

一位教师讲述自己一而再,再而三地对孩子们说"不可以这样！你看你……""拼图要在桌上玩,不然你会把一些小片片弄丢！""不要在教室里跑！会撞到人……""衣柜是用来挂衣服的, 不是让你来玩躲猫猫的！"就这样, 这位教师每天的大部分时间都用在维持秩序和纠正幼儿行为上,似乎没有教育的乐趣可言,她一直无法理解,为什么孩子们总是"不听话"。后来,她仔细观察了教室,发现自己所布置的环境在不知不觉中造成了幼儿的"问题行为"。于是她决定做一项实验,希望通过区域活动角的调整来改变幼儿不良的"问题行为"。

她首先将班上幼儿的"问题行为"一一记录了下来：

（1）在地毯上搭积木的幼儿, 其作品常会被经过该处的幼儿踢到；

（2）幼儿不能专心地在地上看书, 经常将书撕破或折损；

（3）幼儿常藏身在衣帽柜中, 将衣物丢得满地都是；

（4）幼儿常绕着桌子玩追打游戏；

（5）各区域的材料、教具常常混杂在一起, 教师像搬运工与清道夫, 不停地帮幼儿拿取或收拾物品；

（6）当教师坐下弹琴时, 无法看到在背后活动的幼儿, 这种情况阻碍了师幼正常沟通。

这位教师重新对区域活动角进行了调整。

经过一个星期的适应, 教师发现幼儿的行为慢慢发生了改变, 到最后, 不守规矩、扰乱秩序的幼儿都"变好""变乖"了。

3. 合理投放活动角的材料

首先, 材料的投放要适合幼儿各年龄段身心发展特点。小班幼儿往往是通过模仿来掌握成人的经验, 因此小班可多投放操作性强的材料。又因为小班幼儿以平行游戏为主, 所以要准备多份的同种材料。比如在创设积木区时, 最少要按可供四名幼儿使用的量准备操作材料, 这样才可能满足他们的需求。中班幼儿相对于小班幼儿, 在生理、心理上成熟一些, 有了操作探索的需求, 在材料投放时可相应地提供探索性的材料。大班幼儿在认知活动方面, 无论是观察、注意、记忆的过程, 还是思维和想象的过程, 都有了一定的思维方法, 效果也较好。

因此在材料的提供方面，可以提供一些原始材料，并提出一些与课程相关的要求。比如美工区可以摆放各种材料，如纸张、废旧物品等，让幼儿可以自由构思和创作。

其次，根据幼儿的能力差异，材料的投放要具有层次性。在材料投放时要考虑到幼儿能力发展的差异性，提供的材料要满足不同层次、不同能力和不同角色幼儿的需要，还要凸显从浅入深、由易到难的认知和发展规律，使每个幼儿在现有水平上得到发展，发挥出材料的最大的教育功能。例如，益智区的拼图活动，教师可投放数量、形状不同的拼图材料，能力较弱的幼儿可选择片数较少的拼图，而能力较强的幼儿则可选择片数多、难度较大的拼图，这样不同能力的幼儿都可以很开心地完成这一项活动。

再次，投放的材料要具有趣味性，并要经常更新。投放区域材料时，要根据幼儿的兴趣需求经常对区域的材料进行调整。例如，当幼儿对用彩色草绳编辫子不感兴趣时，教师可以增加几个塑料瓶，请幼儿用彩色的辫子装扮瓶子宝宝，于是他们又开始兴致勃勃地编辫子了，然后再把辫子一圈一圈地绕在瓶子上，这样，一个普通的瓶子变成了一件工艺品，幼儿的兴趣又被激发起来。

最后，根据实际情况共同制定区域活动角规则。活动角的规则（图5-56~图5-58）是教师和幼儿共同讨论制定的。在区域活动游戏中，针对出现的一些情况，还可以进行讨论和补充。例如，制定阅览区规则时，可以先请家长带幼儿去图书馆体验，获得经验后，教师与幼儿再讨论班级阅览区的规则，如"不能大声说话""请把书放回原位""制作书签"等。在以后的活动中可能还会遇到其他问题，教师可以再引导幼儿补充规则，这样，区域角就能有序、顺利地开展活动。

图5-56 小班活动角的规则

图5-57 中班活动角的规则

图5-58 大班活动角的规则

三、吊饰创设

走进幼儿园，五彩缤纷的吊饰便呈现在我们面前。内涵丰富的吊饰环境不仅满足了幼儿的审美需求，还与教育活动相结合，营造出互动式的教育环境，这样的教育内容包含了幼儿园教育的五大领域，幼儿在此过程中可以得到全面发展。

吊饰的创设要求包括以下内容。

（1）要根据各年龄段幼儿的身心发展特点进行布置。例如，小班要用简单的、颜色鲜艳的吊饰，中班可以用幼儿的作品制作吊饰。

（2）根据班级整体创设的主题特色进行布置。

（3）根据创设的位置布置合适的吊饰，如幼儿寝室的吊饰颜色要柔和。

（4）与教育活动相结合，生成新的教育资源。

幼儿园的吊饰与创意示例如图 5-59~ 图 5-62 所示。

图 5-59　幼儿作品制作的吊饰 1

图 5-60　幼儿作品制作的吊饰 2

图 5-61　利用吊饰创设的活动区

图 5-62　吊饰的合理利用

请你根据所学内容设计一个幼儿园班级的内环境图（大班、中班、小班均可）。

单元六　幼儿园音乐教育概述

 学习目标

1. 了解幼儿园音乐教育活动的特点，树立科学的幼儿园音乐教育观。
2. 掌握幼儿园音乐教育活动的组织原则。
3. 掌握幼儿园音乐教育活动的组织实施过程。

主题一　音乐与学前儿童音乐

一、音乐

音乐的分类

（一）音乐的起源

　　人类社会音乐的起源可以追溯到古老的洪荒时代。在人类还没有产生语言时，就已经知道利用声音的高低、强弱等来表达自己的意思和感情。随着人类劳动的发展，逐渐产生了统一劳动节奏的号子和相互间传递信息的呼喊，这便是最原始的音乐雏形。当人们庆祝收获和分享劳动成果时，往往会敲打石器、木器以表达喜悦、欢乐之情，这便是原始乐器的雏形。音乐是什么呢？这个有关音乐起源的问题，迄今为止都没有确凿的解释。

　　在不同的文化中，并不一定都有"音乐"这个概念，即使在拥有这一概念的文化中，其概念内涵往往也是大相径庭的——正如汉语的"音乐"和英语的"music"之间不可互译的差别一样。因此，如果问"音乐是什么"，不同的民族就必然会给出不同的答案，而这些答案各有其合理性，因为它们产生自不同的民族文化，从不同的社会背景下发展而来。

中国最早的音乐可以追溯到"韶乐"，史称舜乐，演奏时使用的乐器以箫为主，是一种集诗、乐、舞为一体的综合古典艺术，被誉为"中华第一乐章"。

图6-1是甲骨文的"乐"字，早期的形式是三个带发声孔的骨哨组合而成，后发展到由两个并列的"8"和"木"叠合而成，"8"就是"丝"，张丝弦于木上，如同现在的弦乐器。

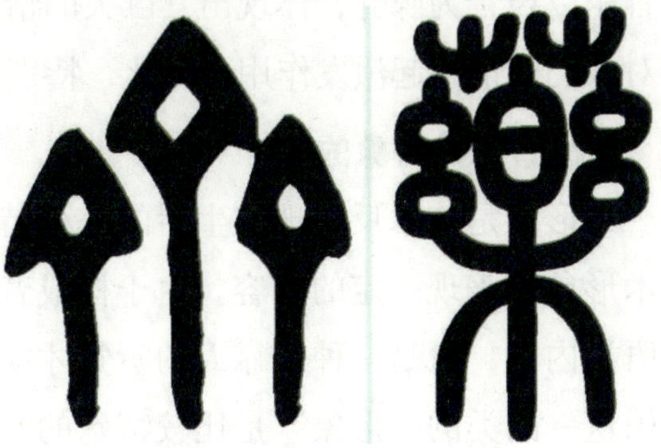

图6-1　甲骨文的"乐"字

（二）音乐的基本特征

1. 音乐是声音的艺术

声音是音乐的物质材料，即音乐是一门声音的艺术。音乐艺术所运用的声音，是从自然界的各种声音现象中，经过特定的方法挑选和概括出来的有组织的声音序列。这些声音依照它的高低、强弱、长短、音色等特性构成旋律、节拍节奏、调式调性、和声复调、织体及配器等音乐语言的要素。

2. 音乐是听觉的艺术

音乐是靠听觉来感受的，也就是说音乐是一门听觉的艺术。音乐是由声音组成的，但它不同于同样是以声音材料为基础的语言。音乐虽然是一门听觉的艺术，但不仅可以通过听觉来感受，有时还可以通过全身来感受。例如，人们对于节拍、节奏和力度等，就不仅仅是通过听觉来感受的，但是听觉仍然是最基础、最关键的。

3. 音乐是时间的艺术

音乐艺术是在时间中进行的，它是"通过整体的各个组成部分的陆续呈示而发展着，直到最后一个部分呈示完毕之后才为听者提供出该作品的整体形象"。音乐的这种特征与电影艺术和戏剧艺术是相同的，它们都是为了使整个艺术作品得到完整的体现，而必须有一定的时间作为前提。在此过程中，只是人们的欣赏角度改变了。美术作品在时间中的状态是始终保持不变的，而音乐艺术却相反，它是随时间不断变化、发展的，从而更好地呈现给欣赏者。

4. 音乐是空间的艺术

"音乐中的空间，是听者在感受音乐整体所展示的运动时所产生的一种表象"，这是一种由欣赏者脑中派生出来的想象空间，它与欣赏者在欣赏音乐时所处在的实际空间不同。因为音乐具有时间上的持续性和变动性，所以不会像其他艺术形式那样直接给欣赏者展示空间性。由听觉造成的空间和由视觉造成的空间以及由知觉造成的空间在性质上是有区别的。

5. 音乐是表情的艺术

无论是歌曲还是没有歌词语义结合的器乐曲，它们既可能是一种情绪、意境的反映，也

可能是几种情绪的对比和冲突，也可能是一种情感的起伏和发展，还可能是某种乐思的概括。音乐以声音为媒介，体现出其巨大的情感表现力和感染力。它可以直接引起人们的情绪反应，对人们的情绪起激发作用，因此，特别适合用来抒发情感。

6、音乐是形象的艺术

形象是艺术反映现实生活的一种特殊手段。任何艺术形式都需要以塑造自己本门类的艺术形象来表现一定的内容。由于构成音乐的物质材料是声音，它既看不见，又不具有明确的语义内容，只是一种依靠人的听觉才能被感知的艺术形象，这种形象是非视觉性的，因此音乐这一门类的"形象"是比较特殊的。当然，由于音乐擅长抒发情感，抒情手法就成了塑造音乐艺术形象的最主要手法，因此，音乐的形象艺术与情感艺术有着密不可分的关系。

（三）音乐的作用

古往今来，多少人为音乐的奇幻魅力所倾倒，有人用音乐抒发内心情感，有人用音乐进行思考，有人用音乐启迪智慧，有人用音乐给人治疗疾病、消除痛苦……音乐如同空气和水一样，无处不在。那么，音乐究竟具有怎样的作用呢？

1、音乐可以陶冶情操、净化心灵

音乐可以使世界上千千万万的人为之心驰神往，无论是作家、诗人、艺术家，还是科学家、哲学家、政治家都会对它产生特别的情感。史书中记载了"孔子闻韶乐，三月不知肉味。"要知道，孔子是特别爱吃肉的，竟然因为音乐能三个月不提吃肉的事情，痴迷程度可见一斑。托尔斯泰曾经直言不讳地说："我喜爱音乐胜过其他一切艺术。"在音乐的殿堂里，优美动人的乐章，可以使人类的心得到净化、感情得到升华。不少著名人物，如恩格斯、列宁、李大钊、郭沫若等都不同程度地受到音乐的熏陶与影响。他们或从音乐中汲取欢乐和力量，或从音乐中领略人生的真谛和体验，或透过音乐获得心理的平衡，或在音乐的启发下从狭小的"自我"中解脱出来。

春秋战国时期的俞伯牙是一位很厉害的琴师，他在音乐里寄托了高山流水的志向，也常常因为别人听不懂他的志趣而郁闷难解，直到偶然间遇到了砍柴的钟子期。钟子期能够读出他音乐里高山流水之志向。伯牙从此把子期当作知音，两人结下了深厚的友谊。他们约好两年后见面，可是子期两年后却没有露面。伯牙多方打听才知道，原来子期已经病死了，不可能再赴约，伯牙悲痛欲绝，他知道子期已死，再也没有人能听得懂他的音乐了，于是在子期的坟前摔了他心爱的琴，此生不再弹琴，留下了"高山流水遇知音"的历史典故。

2、音乐可以提高想象力并增强记忆力

音乐可以启发人的智慧，增进人的聪明才智。音乐作为一种开发智力和提高智能的手段，已被越来越多的人所认可。

音乐对记忆力的帮助很大也很神奇。有研究者在养老院通过实验发现，医护人员给患有老年痴呆症的老人进行心理辅导，播放他们年轻时流行的歌曲，起初只是为了怀旧，没想到唤醒了不少老人的记忆，使他们回想起了很多年轻时的往事。此发现获得了科学家的高度重视，因此在治疗老年痴呆症、记忆力丧失症方面有了很大的突破。由此可以看到音乐对人脑记忆力的神奇帮助。

图 6-2 所示为音乐心理健康师正在给参与者进行"鼓圈"音乐心理治疗。

图 6-2 "鼓圈"音乐心理治疗

3. 音乐可以娱乐身心

音乐的娱乐作用是人们一致公认的。孔子谈到音乐对人的享受时说："乐（yuè）者，乐（lè）也。"意思就是说，音乐使人快乐。

为广大听众创作的轻音乐，以及当今出现的种种通俗音乐形式，都是以世界上广大听众获得娱乐和消遣为目的创作的。就连交响音乐等高级形态的音乐作品，在使听众获得启发和逻辑形式推理时，也同样存在娱乐因素。因为听众在欣赏音乐、唤起情感和理解作品的同时，其自身能量已经随着音乐而释放，从而不自觉地获得一种能量转移的快乐，同时还起到休息的作用。

音乐可以使人保持旺盛的精力，消除劳动的疲劳。相传，在春秋战国时期，管仲随齐桓公出征，遇到险山峻岭阻挡，行路艰难，士兵们疲惫不堪。见此情景，管仲顺势写下了气势磅礴的《上山歌》和《下山歌》，战士们你唱我和，轮转飞快，翻山越岭，如履平地。齐桓公见到这样的情景，忙问其原因，管仲说："凡人劳其形者疲其神，悦其神者忘其身。"齐桓公听了，感叹万分地说："我今天才知道，人的力量是可以从歌声中获得的。"现在，许多国家正在研究和开发如何利用音乐提高工作效率，于是，"功能音乐""生产音乐""背景音乐"等应运而生。

4. 音乐能促进身心健康

优秀的音乐作品，作为人们的精神食粮和思想养料，具有强烈的艺术感染力，给人以美感、愉悦感，会引起欣赏者的共鸣从而促使人们的身心得到健康的发展。杜甫在听了音乐家花敬定的演奏后，在《赠花卿》的诗中赞叹道："此曲只应天上有，人间难得几回闻！"列宁在听

了钢琴演奏家贝多芬的《热情奏鸣曲》后，对高尔基说："我不知道还有什么比《热情奏鸣曲》更好的东西了，我愿意每天都听一听。这是绝妙的，人间所没有的音乐。"

音乐为什么会有这种神奇的力量呢？从生理学的角度来看，人的动作是有张有弛、能急能缓的，人的各种生理活动都存在着节奏，特别是心脏的跳动与呼吸的进行，与节奏有着密切的联系。人的大脑右半球在音乐的良好刺激下，会出现许多活跃的兴奋点，并对大脑边缘系统和脑干网状结构产生直接的影响。因此，当音乐通过听觉器官传入中枢神经系统时，这种音响就对大脑皮层产生良好的刺激，使得大脑和神经系统处于积极的兴奋状态，使人朝气蓬勃、精神焕发。由于旋律中包含丰富的节奏，如果音乐的节奏和身体的节奏合拍，人就会感到血液流动通畅，全身充满着青春的活力。

从心理学的角度来看，音乐使用的节奏、音调、力度、速度、和声、复调、曲式、配器等，有着绚丽多彩、千姿百态的变化，通过欣赏者丰富的想象，便会出现静中生动、以假乱真、以虚代实、由物及人、由古至今、沟通中外的心理变化，从而触发其心潮澎湃的情感波涛，使欣赏者沉浸在音乐家所刻画的艺术意境之中，获得精神上的满足。

音乐不仅具有鼓舞斗志、使人奋发向上、开发智慧的作用，还能装饰生活、增添乐趣、满足人们的审美需求，更可以陶冶情操、培育道德、消除疲劳、增进健康，这些都是音乐所具有的功能。

二、学前儿童音乐

（一）学前儿童音乐及其特点

学前儿童音乐指的是学前儿童所从事的音乐艺术活动，反映了学前儿童对音乐的感受、理解、表现和创造，以及他们对周围世界的认知和情感。音乐是学前儿童最喜爱的艺术形式之一，他们在美妙的音乐中学习、感受、体验和表达人类共同的朴素、细腻、高贵的情感，在集体音乐活动中学习与他人的合作与分享，在歌唱活动中学习有分寸地控制和运用自己的发声器官，在韵律活动中学习灵活、协调地运用自己的身体，在欣赏活动中学习认真、专心地运用自己的耳朵和心灵去倾听，在音乐的表演活动中学习大胆、细致、优雅、从容地表现自己，在音乐的学习过程中充分调动自己的情绪和情感去展开有意义的感知、注意、记忆、想象、理解等心理活动，并形成坚持、专注、不怕困难等品质。

（二）学前儿童音乐的作用及地位

1. 音乐教育能够发展幼儿的想象力、创造力

音乐能够促进幼儿想象力的发展。幼儿时期是形象思维占主要地位的时期，是由再造想象逐步转变为自创造想象的发展时期。幼儿在进行内容丰富的音乐活动时，运用想象进行创造。

例如，听到一段活泼的旋律，幼儿可以想象出小鹿在奔跑、小兔在蹦跳等，还可以在此基础上，想象出自己快乐玩耍的欢快情境。

2.音乐教育能够发展幼儿的听觉能力和记忆能力

幼儿学习音乐，首先是靠听觉获得信息，然后在多次视听中学会欣赏音乐、感受音乐、表达音乐。幼儿靠听觉不断地学习、记忆，这样幼儿的听觉能力便得到加强与提高。在此过程中，幼儿只有在记住歌词、旋律、舞蹈动作的前提下，才能更快、更好地学会唱歌、跳舞，加深记忆力。

3.音乐教育能够发展幼儿的语言能力

音乐和语言有着非常密切的关系，音乐教学不仅能培养幼儿的音乐素质，还能全面促进幼儿身心和谐发展。一首活泼、动听的歌曲往往就是一首好的儿歌、诗歌、散文；一段优美、诙谐的乐曲好像在讲述一个非常有趣的故事。语言在音乐教育中起着至关重要的作用，语言是开展音乐教育的重要保证。

4.激励幼儿主动、自信地参与活动

在以往的音乐活动中，总有一部分幼儿经常当演员，一部分幼儿经常当观众。那些天赋好的幼儿经常有机会表现，而那些条件较差的幼儿却因自卑而不敢表现。如果我们任其自然发展，这部分幼儿不仅失去了学习音乐知识技能的机会，还可能导致一定的心理问题。我们应将音乐活动作为手段，让每个幼儿都能积极、主动、自信地参与到活动之中，满足他们表现自我的需要。

（三）学前儿童音乐能力的发展

对学前儿童来说，最容易接受的一个信息交流途径就是音乐。认真进行儿童音乐能力发展的研究工作，并取得成就的代表人物有英国的音乐发展心理学家哈格里夫斯、英国的心理学家舒特·戴森、美国音乐心理学家戈登等。

1.学前儿童音乐能力发展的一般年龄特征

（1）0~1岁，能够对音乐做出各种反应。

（2）1~2岁，自发地、本能地"创作"歌曲。

（3）2~3岁，开始能模仿唱出听到的歌曲片段。

（4）3~4岁，能感知旋律轮廓，如果此时开始学习某种乐器，可以培养绝对音高感。

（5）4~5岁，能辨别音高、音区，能重复简单的节奏。

（6）5~6岁，能辨别、理解响亮之声和柔和之声，能在一些简单的旋律或节奏模式中找出相同的部分。

2.学前儿童对音乐的反应

穆格于 1976 年对学前儿童的音乐能力发展进行了一次大规模的调查研究,得出以下结论。

（1）6 个月左右的婴儿开始主动地对音乐做出反应,而不再是被动地接受音乐。表现为他们会转向发出声音的位置,并出现高兴乃至惊喜的表情。

（2）6~12 个月,伴随音乐,儿童会连续地晃动身体。但在这个阶段早期,婴儿可能只是对纯音响做出反应,到 1 岁时,才会对较鲜明的节奏做出相应的反应。

（3）1 岁左右的儿童开始发声唱歌,这种唱歌称为"咿呀之歌"。所谓咿呀之歌,就是一种类似说话的简单的歌唱。

（4）1 岁以后的儿童对声音刺激的反应表现出明显的进步,不同类型的身体活动明显增加。18 个月左右的儿童已有试图使自己的动作与音乐节奏相协调的迹象,也表现出与大人一起跳舞的意向。

（5）在 3 岁以前,儿童的动作与音乐的协调能力逐渐提高。

（6）3~4 岁时,儿童在边唱边做合乎歌曲内容的表情与简单动作方面有所发展,说明表演和游戏是这个时期儿童进行音乐活动的主要形式。

（7）4~5 岁时,儿童对音乐的身体反应减少,能坐下来听音乐的可能性增加（增加了思想上对音乐的反应）,并且在更广泛的活动中会利用这些反应,进行富有想象力的表演,并在音乐活动中增进与同伴的友谊等。

童声的科学训练
及演唱方法

1.学前儿童音乐的作用是什么？

2.试分析学前儿童音乐能力发展的一般年龄特征。

主题二 幼儿园音乐教育活动的特点

一、幼儿园音乐教育活动的意义及重要性

幼儿音乐教育是在教幼儿学习音乐过程中进行的教育工作，它是人一生中最早的音乐教育。对幼儿来说，音乐活动是自我表现的方式和途径。在学前教育阶段，我们可以通过音乐教育发掘幼儿的潜能，塑造幼儿健康活泼的个性，促进幼儿全面和谐的发展。

二、学前儿童音乐教育的特点

作为向学前儿童进行德、智、体、美、劳等全面发展教育的一个有效途径，学前儿童音乐教育是一种通过音乐学科本身的感染性、情感性、愉悦性等特点来激发幼儿的情感体验，并从中获得审美感的艺术教育途径。它具有以下几个特点。

1. 形象性

在学前儿童音乐教育活动中，其形象性主要体现在它的内容、形式和方法上。

（1）学前儿童音乐教育的内容具有鲜明的形象性，它是通过欢快的旋律、乐音来组成生动形象、栩栩如生的音乐画面。例如，动画片《喜羊羊与灰太狼》的歌曲通过欢快的旋律、乐音、节奏、快速跳跃的音符构造了一个个可爱的、具有鲜明特性的动物形象——聪明的喜羊羊、漂亮的美羊羊、大智若愚的懒羊羊、强壮的沸羊羊、善良的暖羊羊等，这些形象都深受幼儿的喜欢。图6-3所示为教师正带领幼儿进行关于喜羊羊的歌唱活动。

（2）学前儿童音乐教育在其形式和方法的运用上，也体现了形象性、直观性的特点。例如，在欣赏歌曲《雪绒花》时，可以在课前布置好教室，准备好道具——塑料泡沫花、吹风机、装饰小树、装饰小屋、白地毯等；然后把幼儿集中到布置好的音乐情境教室欣赏音乐，让幼儿置身于"优雅的冬天世界"，坐在有小树、小屋的白地毯上，播放歌曲的时候用吹风机吹散泡沫花，让幼儿感受雪绒花飞舞的美景。这种形式表现出了形象性和直观性。正是这些特点调动了幼儿的审美感官，使他们领略到音乐的美妙，引导着幼儿从音乐的直观形象去展开自己内心世界丰富的想象和联想，从而体验到音乐的意境，进而培养幼儿对音乐作品的初步鉴赏和判别能力，对他们的思想意识、道德行为、情绪体验、个性特征等方面产生潜移默化的影响。

图6-3　歌唱活动

₂. 游戏性

学前儿童音乐教育的趣味性、游戏性最直接地体现在音乐游戏上。音乐游戏既是一种有规则的游戏，又是一种音乐活动，它借助游戏的形式以发展儿童的音乐能力。例如，歌曲《找朋友》《丢手绢》《排排坐》《您好，再见》等，无论是在创造和表现方面，还是情节、角色方面，或是音乐要素分辨能力方面，都能在听听、唱唱、动动的趣味游戏中增强幼儿的节奏感，促进幼儿动作的协调性，提高幼儿辨别音乐性质的能力，更重要的是使幼儿获得愉快的情绪情感体验。因此，在学前儿童音乐教育活动的设计与组织中，我们可以创造性地采用趣味化、游戏化的语气对幼儿进行示范、提问、讲解，同时配以形象和生动的语言、表情、体态等，为他们展现出一种具有游戏性质的情境。

₃. 综合性

学前儿童音乐教育的综合性主要体现在以下三个方面。

（1）形式：在学前儿童音乐教育活动中，通常是把歌、舞、乐贯穿在一起的。其实，幼儿非常喜爱这种原始的综合音乐活动形式，当他们听到音乐时，会情不自禁地感到高兴，又唱又跳。

（2）方法：学前儿童音乐教育的方法不是单一的，而是灵活的、丰富多样的。其中，普遍应用的方法主要有示范、语言讲解、练习、引导探索等。但是，在实际的学前儿童音乐教育活动中，这些方法不是孤立的，而是相互交融、相互渗透的。

（3）过程：学前儿童音乐教育过程的综合性体现在创作、表演和欣赏上，因为人类早期的音乐活动在过程上就是创作、表演、欣赏三位一体的。创作、表演、欣赏的过程可以培养幼儿对音乐的主动倾向性，让他们可以充分享受音乐所带来的乐趣。

三、幼儿园音乐教育活动的目标

₁. 认知目标

要让幼儿在参与活动时，能正确感知、理解歌曲所表现的形象、内容和情感，能认识并辨别各种常见打击乐器及其音色的特点等。

₂. 情感与态度目标

初步感受、欣赏并喜爱环境、生活和艺术中的美，萌发审美情趣。要让幼儿喜欢听，能安静地倾听并认真想象音乐作品所表现的音乐形象，形成对音乐作品的感受力和理解力。

₃. 操作技能目标

让幼儿学习按照音乐节拍自然、均匀地做肢体的简单动作；能用连贯、舒缓的歌声演唱歌曲；可以根据节奏节拍，配合歌曲操作乐器完成节奏练习。

4. 幼儿园音乐教育活动的特点

（1）审美性。幼儿音乐教育主要是一种通过音乐实践活动中的审美感染过程，对幼儿施加整体的、全面的发展教育影响的基本素质教育。作为一种有效的教育手段，音乐的特殊性就在于它是通过审美感染的过程来达成完美人格塑造的。幼儿音乐教育的所有目标都是通过"审美感动"的过程来达到的。

（2）游戏性。6岁以前的幼儿不能清晰地意识到自己行动的目的和意义，也不能很好地主动设计、支配和调整自己的行动。游戏与学习、工作的最主要区别是，游戏直接从活动过程中获得快乐。所以，具有游戏性质的音乐活动能够更好地吸引幼儿自愿、快乐而不知疲倦地投身其中。如图6-4所示，教师正带领幼儿进行一个音乐游戏活动。

图6-4　音乐游戏活动

（3）综合性。现代幼儿音乐教育理论认为：综合性的音乐教育活动是帮助幼儿自由进入音乐天地的另一个重要条件。幼儿音乐教育的综合性主要体现在三个方面：形式上的综合性，即综合唱歌、跳舞、奏乐、演戏、玩耍于一体；过程上的综合性，即综合创作、表演、欣赏于一体；目的上的综合性，即综合娱乐、学习、工作于一体。

（4）整体性。现代幼儿审美心理的研究发现，人类审美活动与人类科学活动的最大区别是：人类审美活动主要是情感地、形象地、整体地把握对象，而人类科学活动则主要是理智地、抽象地、分析地把握对象。幼儿更多的是使用情感的、形象的、整体的方法认识和体验自身世界与外部世界。理智的、抽象的、分析的思维和体验方式，在学前阶段的晚期才逐步发展起来。因此，无论从教育角度还是从审美角度，都需要使幼儿能够直接面对有情感、有形象的音乐、舞蹈艺术作品，让幼儿有更多机会直接欣赏或表演音乐、舞蹈艺术作品本身，而不是让他们更多地去面对种种孤立的节奏、音程、技巧或练习曲之类的学习材料。

思考题

1. 幼儿园音乐教育活动的特点是什么？
2. 幼儿园音乐教育活动的目标是什么？

主题三　幼儿园音乐教育活动的组织实施

一、幼儿园音乐教育活动的指导原则

【情境创设】

"春天在哪里呀，春天在哪里，春天在那青翠的山林里，这里有红花呀，这里有绿草，还有那会唱歌的小黄鹂，嘀哩哩哩哩嘀哩哩嘀哩哩哩哩哩，嘀哩哩哩哩嘀哩哩嘀哩哩哩哩哩，春天在青翠的山林里，还有那会唱歌的小黄鹂；春天在哪里呀，春天在哪里，春天在那湖水的倒影里，映出红的花呀，映出绿的草，还有那会唱歌的小黄鹂……"多么欢快美妙的歌声！热爱音乐是儿童的天性。那么如何开展幼儿园音乐教育活动呢？在幼儿园音乐教育活动中应遵循哪些指导原则呢？

幼儿园音乐教育活动应根据音乐教育自身的特点、幼儿园音乐教育的目的和幼儿身心发展的特点，确定符合其自身规律的原则。幼儿园音乐教育活动的指导原则是整个幼儿园音乐教育过程中必须遵循的基本要求。

1. 互动原则

在大班《小红花》的歌唱活动中，教师在引导幼儿熟悉歌曲时，不要急于让幼儿记忆歌词，在范唱的基础上，先让幼儿自己指出整首歌曲中最让自己印象深刻的一句歌词，大多数幼儿喜欢"党的温暖向太阳，党的关怀像妈妈"，第二次范唱时，要求幼儿演唱"党的温暖像太阳，党的关怀像妈妈"这一句，而教师则演唱歌曲其他部分，形成师幼对唱，孩子们体验到成功以后很开心，当教师提出让幼儿唱其他部分，教师来唱"党的温暖像太阳，党的关怀像妈妈"时，大家都跃跃欲试，在这一来一回的几次对唱过程中，大部分幼儿学会了歌曲的主体部分，教师就可以趁热打铁，让幼儿分组对唱，孩子们兴奋起来，不仅选出小组长，还要求比赛，趁着幼儿兴致高涨，教师拿出串铃，让孩子们在演唱的同时自由地舞蹈，将整个音乐活动推向高潮，孩子们唱呀、跳呀，沉浸在《小红花》的美好世界中。

《幼儿园教育指导纲要》提出"教师与幼儿在同一活动中相互作用、相互交流、相互欣赏的互动已经成为幼儿园音乐教育活动中的主要原则""教师应成为幼儿学习活动的支持者、合作者、引导者""关注幼儿在活动中的反应，敏感地察觉他们的需要，及时以适应的方式应答，形成合作探究式的师幼互动"。在音乐教学活动中，互动关系包括教师与幼儿之间的互动、幼儿之间的互动、幼儿与音乐的互动等，而互动关系最基本的表现，就是师幼之间的互动。师幼互动包括情感互动、语言互动、游戏互动和想象互动等，通过教师与幼儿的交往，建立良好的师幼互动关系，为幼儿提供表达自我和发挥想象力的空间，使他们能够体验音乐学习带来的快乐，获得身心的和谐发展。如果说师幼互动是引导型互动，那么幼儿之间的互动就是合作型互动。与师幼互动相比，幼儿之间的互动多是由解决问题的需要所引起的，这种互动更能体现幼儿的自主性和合作性。教师应该积极调整自己的角色，将自己定位成环境的创设者、积极互动活动的组织者与引导者，为幼儿创造平等、和谐的学习氛围，优化教师的教育行为，提高幼儿之间互动策略的有效性。

2. 整合原则

"你看那边有一只小小花蝴蝶，我轻轻地走过去，想要捉住它，为什么蝴蝶不害怕？为什么蝴蝶不害怕？哦！原来是一朵美丽的蝴蝶花。"孩子们一边唱着歌，一边轻轻地走着，走到蝴蝶花前，慢慢伸出双手，流露出惊讶的表情，慢慢地笑了……孩子们随着音乐做起了自编自创的律动，快乐随性地演绎着这首动听的歌曲《蝴蝶花》，沉浸在美妙的蝴蝶花海中；他们还纷纷拿起手中的画笔，将这美好的画面描绘出来，有蝴蝶，还有蝴蝶花，还有随风奔跑的幼儿……整节音乐活动课，洋溢着幼儿无拘无束的笑声，充满着自由奔放的律动，幼儿在表演中自然地获得了歌唱的兴趣，体验了艺术的乐趣！

每个幼儿都具有音乐才能，我们要通过音乐教育去发展它、培养它。在这个过程中，最重要的是让孩子自己去找，自己去创造音乐。《幼儿园教育指导纲要》指出"提供自由表现的机会，鼓励幼儿用不同艺术形式大胆地表达自己的情感、理解和想象，尊重每个幼儿的想法和创造，肯定和接纳他们独特的审美感受和表现方式，分享他们创造的快乐""激发幼儿感受美、表现美的情趣，丰富他们的审美经验，使之体验自由表达和创造的快乐"。整合性原则无疑是实现这一要求的重要途径。在音乐教育活动中，将不同领域的音乐内容和学习方法作为一个整体来设计，主要表现在将歌唱、韵律、音乐欣赏等音乐活动内容进行有效整合，再将音乐活动、美术活动、体育活动等内容进行有效整合，还可以将欣赏、表演、创作等不同音乐活动表现形式进行有效整合，使音乐活动真正能让幼儿自由表现和尽情发挥。

幼儿园整合理念下的音乐教学活动实践反思

二、幼儿园音乐教育活动的设计与实施

【案例分析】

中班歌唱活动：萤火虫

一、活动目标

（1）学唱歌曲《萤火虫》，在游戏活动的不断变化中，自然而然地学会演唱歌曲。

（2）在演唱的同时，理解歌词，并利用肢体动作进行表现，能准确表现歌词。

（3）在游戏活动中，通过"挂小灯"的方式进行同伴间的互动和肢体碰触，完成合作游戏。在相互表达感谢的同时升华同伴间的感情。

二、活动准备

范唱歌曲、小灯笼等教具

三、活动过程

1. 谜语导入

今天老师带来了一个谜语，请小朋友仔细听，听完后告诉老师谜底是什么。

"一群星星，小又亮，个个长着小翅膀。过草地，穿树行，小灯挂在身体上。"教师在念谜语的时候，按歌曲节奏来念，边念谜语边做动作。（萤火虫）

2. 学习歌词及相应的动作

通过幼儿的回答，再次巩固歌词及相应的动作。

3. 初步感受歌曲

（1）清唱带动作来范唱歌曲。

老师刚才是在唱歌曲的哪个字的时候拍身体的？（第二个"上"的时候）

幼儿园大班音乐活动
"我来当老师"

（2）哪位小朋友愿意上来尝试将小灯"挂"在身体上。（请个别幼儿站起来在教师的伴唱下表演相应的动作）

4. 幼儿给自己"挂小灯"并演唱歌曲

幼儿坐在自己的座位上演唱歌曲并表演相对应的动作，连续进行两遍。

5. 幼儿相互"挂小灯"并演唱歌曲

（1）请一名幼儿示范游戏的玩法，教师讲解游戏规则。

（2）请幼儿两两站起来，面对面相互"挂小灯"，并演唱歌曲。

6. 幼儿依次转圈演唱、表演、进行游戏"挂小灯"

（1）教师介绍游戏玩法和规则，并进行游戏示范。

（2）幼儿集体进行游戏。幼儿转身，按逆时针方向再次游戏。在再次游戏过程中，可以自由改编歌词。

7.总结歌曲名称，请幼儿欣赏歌曲

通过对本次活动设计的分析探究，我们可以总结出幼儿音乐教育活动设计和实施的相关基础知识。

（一）幼儿音乐教育活动设计一般环节

幼儿园音乐教育活动设计一般包括选择内容、制定目标、活动准备、活动过程（包括活动延伸）、活动反思五个环节，它们既是幼儿音乐教学活动的设计环节，又是一份完整的教学方案所应设计的五方面内容。

（二）幼儿园音乐教育活动组织实施过程

1.“三段式”结构

"三段式"是一种传统的音乐活动组织实施结构，在这种结构中，音乐活动明确地分为开始、基本和结束三部分。活动开始部分的内容一般是复习学过的歌曲、舞蹈音乐游戏等，按照"律动进入活动室—练习发声—复习所学内容"的程序进行；活动基本部分的内容一般是完成新的教学任务；活动结束部分一般按照"复习本节课学习的音乐活动—律动离开活动室"的程序进行。"三段式"是一种符合幼儿认知规律的合理音乐活动结构形式。

2.“单段式”结构

"单段式"是一种围绕着新内容开展的，没有明显区分开始、基本和结束三部分划分的音乐活动组织实施结构，是目前幼儿园常见的音乐活动结构。"单段式"结构更能体现音乐活动的各个环节和步骤。

幼儿园小班音乐活动"快跳起来"

三、影响幼儿园音乐教育活动效果的因素

【情境创设】

在大班歌曲《虫儿飞》的教学过程中，教师利用多媒体播放音乐视频和图片等，为孩子们创造了一个真实和静谧的音乐环境，让他们多听、多感受，先听旋律，再听歌词，听完故事后再听音乐，加深了幼儿对歌曲前半部分的情感体验；在对后半部分坚定情感的体验中，通过让幼儿发现小女孩从哪里开始慢慢变勇敢、变坚强了，鼓励他们用语言、表情、动作将自己对歌曲情感的理解大胆地表达出来，与前半部分的情感形成对比。幼儿可以将歌曲中小女孩孤单、无助、害怕但又坚定的心情描述得淋漓尽致！

对幼儿园音乐教学的有效策略探索

在幼儿音乐活动中，影响效果的因素有很多种，与幼儿情感、情绪、生活、生理、环境等密切相关。

（1）激发幼儿对音乐的兴趣，吸引幼儿热情参与，是影响幼儿音乐活动效果的主要因素。在每一次的音乐活动设计中，都要充分考虑如何能够引起幼儿的思考和兴趣，激发幼儿表达和展示的热情，使音乐活动像游戏一样有趣。

快乐——有效音乐教
学的重要因素

（2）采取多样化教学方法，是影响幼儿音乐活动效果的重要因素。例如，采用一些音乐图示、符号、图片等帮助幼儿理解歌曲内容，包括歌词、节奏节拍、感情色彩等；用故事引路，将歌词改编成动听的故事，以符合音乐风格、生动形象的故事描述音乐，作为讲授新歌的导语，引领幼儿迅速走进音乐的世界；将歌曲内容变换成游戏的形式开展，不仅增强了歌曲的趣味性，还让幼儿感觉更主动、更轻松、更投入；采用多媒体的方法将音乐动态化、情景化、戏剧化，有利于幼儿对歌曲内容的声形并茂的情境体验；在幼儿一日生活的各个环节中渗透进行，使幼儿在美妙轻松的环境中感受音乐，如在幼儿午休、进餐、游戏等时间都可以适时地播放各种不同风格的音乐，使幼儿潜移默化地受到熏陶；利用视觉图像和器材进行教学能唤起幼儿的生活经验，激发幼儿的想象，有利于帮助幼儿直观地理解音乐作品，使幼儿更快地进入音乐的意境中；在音乐角投放与教学进度相适应的各种音乐材料和器具（如小鼓、手铃、三角铁等），让幼儿自由选择、自由表达，使其充分表达自己的感悟、想象，宣泄情感，张扬自己的个性。

（3）教师应为幼儿选择和创造舒适、音乐气氛浓厚的音乐教学环境，帮助幼儿更快地投入音乐活动。例如教师可以利用光线、桌椅等创设与教学内容相适应的教学情境，可以利用逼真的配乐等特定声响创设情境，也可利用美术、舞蹈、多媒体等手段来创设情境。

（4）提供自由表现的机会，鼓励幼儿用不同的艺术形式大胆地表达自己的情感、理解和想象，尊重每个幼儿的想法和创造，肯定和接纳他们独特的审美感受和表现方式，分享他们创造的快乐。

（5）教师要尽可能让幼儿多接触生活中的各种事物，帮助幼儿充分感受，引导幼儿积极思考，使幼儿产生切身体验和思考并强化表达欲望，以增强幼儿的自信心。

教师除了要关注以上因素外，还要善于挖掘其他相关因素，以巩固幼儿音乐活动的效果。

思考题

1. 幼儿园音乐教育活动的指导原则有哪些？
2. 幼儿园音乐教育活动设计一般环节有哪些？
3. 根据所学知识设计一个可以体现音乐教育活动指导原则和一般环节的活动方案。

单元七　幼儿园歌唱活动设计指导与实践

 **学习目标**

1. 了解幼儿园歌唱活动特点及教材选择方法。
2. 掌握幼儿园歌唱活动设计过程。
3. 能够独立设计幼儿园歌唱活动教学方案。

主题一　幼儿园歌唱活动的设计与指导

【情境创设】

　　在幼儿园小班歌唱活动"妈妈来抓兔兔"中，李老师带领幼儿根据歌词模仿变小树的动作，所有幼儿都把手臂张开并举过头顶，模仿小树的样子，最后泽泽小朋友的动作引起了李老师的好奇心，只见他双手交叉合于胸前，还闭着眼睛，李老师问他，这是什么树，泽泽自信地说："我变的是超人树，正在静静地等待森林里需要被保护的小动物呢。"原来，泽泽很希望自己可以变成超人，保护身边的人和小动物，他用肢体语言形象地把这一切演绎了出来。李老师听后称赞了他。

　　这个例子说明，孩子是天生的艺术家，音乐教育有助于发展幼儿的想象力和创造力。《幼儿园教育指导纲要》中指出"给幼儿提供自由表现的机会，鼓励幼儿用不同艺术形式大胆表达自己的情感、理解和想象，尊重每个幼儿的想法和创造，肯定和接纳他们独特的审美感受和表达方式，分享他们创造的快乐。"那么，应该采用什么形式的音乐教学活动来培养幼儿的创造力和想象力呢？下面就让我们一起探究一下吧。

一、学前儿童歌唱能力的发展特点

许多音乐心理学家和发展心理学家对婴幼儿时期的歌唱进行了研究，如哈格里夫斯对他们的研究结果进行了整理和归纳，再加上自己的研究，将儿童歌唱的发展过程划分为以下三个阶段。

（一）幼儿的发声和本能歌初现轮廓

研究表明，1~3岁时，婴儿的发声和本能歌初现轮廓。

（二）"第一稿"歌曲的产生

一些研究指出，幼儿掌握歌曲时有一个渐进的过程：先要学会歌词，接着是节奏，然后是旋律轮廓和音程，具体表现在以下几个方面。

1. 幼儿对歌词的理解与记忆

幼儿对歌词的理解，是与其言语发展水平一致的。小班幼儿对歌词含义的理解常常会遇到困难，即便是在听辨和发出语音方面，他们也会常常出现错误，特别是对于一些难发的音，如 zh、ch、sh 等。当幼儿发音不准时，听音时就会发生错误，对歌词的含义也就难以理解。中班、大班幼儿对歌词的记忆和理解有了很大提高。因此，他们唱错音、发错音的情况一般较少。

2. 音域的年龄差异

小班幼儿一般可唱出5~6个音，音域大致为 C1 至 A1，其中听起来最舒服的是 D1 至 G1 之间。个别幼儿的音域可能稍宽或偏高，向上可能能达到 C2，向下可能唱到 A；而个别幼儿的音域可能偏窄，大致在3个音左右。中班和大班幼儿，其音域会稍有扩展，向上一般可达到 B1 或 C2，向下一般可到 B 或 A。虽然这时的幼儿一般能唱到 C2 高度，但是容易走调。同样，对于偏低的音，如 B 和 A，也不容易唱好。

3. 幼儿的节奏能力

研究指出，幼儿的节奏能力随年龄的增长而提高。从第18个月开始，幼儿试图使身体的动作与听到的歌曲节奏合拍，4~5岁的幼儿能成功模仿打出2、3或4个音符组成的简单节奏模式。

（三）认知结构与歌唱的发展

哈格里夫斯认为，如今音乐发展的研究已经进入与语言发展的研究和认知心理学研究相平衡的轨道，认知系统的理论成了研究音乐发展的基础。例如，在歌曲发展方面有这样一种认识：幼儿早期的歌曲并非无节奏的，也不是随意的，它们是后来歌曲的萌芽。它从音高轮廓漂浮不定到准确地再现音高；音程从宽到窄，从模糊不定到准确；节奏从单调、散漫到丰富和有组织。还有曲式接受、调性、和声感觉等各方面都随着年龄增长、环境变化，以及各种内部、外部的因素影响而逐渐朝成人阶段的合理化、规律化发展和完善。

《幼儿园教育指导纲要》中指出，要"尊重每个幼儿的想法和创造，肯定和接纳他们独特的审美感受和表现方式，分享他们创造的快乐"。以前，我们都过于强调知识技能，而忽视了幼儿内心的感受和兴趣。现在，要求教师不但要选择适合幼儿年龄特点的歌曲教材，而且还要运用各种教学方法，激发幼儿参与音乐活动的兴趣，给幼儿提供发展潜在能力的机会和条件。

二、幼儿园歌唱活动教材的选择

幼儿园歌唱活动教材在选择上可分类三部分：内容的选择，旋律和节奏的选择，篇幅的选择。

1. 内容的选择

幼儿园歌唱活动教材内容应具有以下三个特点。

（1）内容与文字具有童趣并易于记忆和理解。

（2）歌词内容应富于爱、富于美、富于教育。

（3）歌词形式与内容应适于用动作表现。

2. 旋律和节奏的选择

幼儿园歌唱活动中的歌曲应具有以下几个特点。

（1）音域较狭隘。

（2）节奏较简单：时间的长短、节拍和速度适宜。

（3）旋律较平稳：幼儿不宜唱旋律起伏太大的歌曲。

（4）歌曲关系较单纯：幼儿一般不宜唱词曲关系过于复杂的歌曲，一字一音的关系是主流。

3. 篇幅的选择

结构较短小工整：幼儿一般不宜唱结构过于长的歌曲。

3~4 岁：2~4 个乐句为宜，总长度一般在 8 小节左右。

4~5 岁：6~8 个乐句为宜，总长度可增加到 16~18 小节。

5~6 岁：10~15 个乐句为宜，总长度可增加到 20~24 小节。

三、幼儿园歌唱活动的设计与指导

幼儿园歌唱活动设计过程见表 7-1。

表 7-1　幼儿园歌唱活动设计过程

实施步骤	活动内容	教师任务
确定活动名称	歌唱活动	选择教材、明确本课主题
确定活动目标	对活动提出的期望。书写要体现认知、歌唱技巧、情感态度等方面的目标	查找资料，确定本次活动的学科目标
活动准备	经验准备：幼儿自身能力发展水平及教师相关知识经验。 物质准备：教具、图谱、乐器、语言	进行经验、物质准备
活动过程	导入：游戏法、谈话法。 故事讲述、谜语、图片、视频、律动等方式	创设情境、导入活动、激发幼儿参与活动的兴趣
	活动指导：引导、集体指导、个别指导、巡回指导	教师引导幼儿主动积极参与活动，以实现活动目标。既考虑整体，又尊重个别差异，并提出希望和延伸内容
	小结	总结幼儿在歌唱活动中的情况，如幼儿的情绪是否愉悦、轻松，是否表达自己的思想和情感
活动评价（反思）	幼儿相互评价、教师评价、课后反思、家长参与评价	本次活动的目标是否达到；对活动过程评价是否兼顾全体和幼儿个体的参与；活动形式是否有利于幼儿目标掌握等
活动拓展	语言区、美工区、自然科学区	引导、拓展、提升活动的广度、深度、多维度

（一）课前准备

我国著名教育学家叶圣陶先生曾说过：教师之为教，不在全盘授予，而在相机诱导。因此，要上好一节音乐课，课前准备是非常重要的，让幼儿学习于无形。

首先，教师应先分析歌曲的主题思想是什么，幼儿在学会这首歌曲时，能够明白什么道理，进而达到什么教育目的；其次，分析歌曲的节奏和节拍，演唱时的情绪特点；再次，分析歌曲演唱时的重点和难点，再结合本班幼儿的特点和实际情况设计教法和教具；最后，教师要反复练唱歌曲，达到能够熟练背唱的程度，并能够通过节奏的快慢、声音的强弱及好听的音色来准确生动地表现歌曲的内容。

（二）导入

精彩的导入容易激发学生学习的兴趣，使学生在愉快的气氛中，主动地、专注地参与课堂学习，获得事半功倍的效果。导入是教师有意识设计学生感兴趣的内容，采取有效的方式、方法，巧妙地把学生带进新的教学内容中去。导入的形式多种多样，不同的形式有着不同的表现功能，对学生的刺激强度也不一样。要使音乐课的导入生动且具有艺术性，必须做到内容新颖、导入方式奇特。这样，才能够产生出其不意的效果。

1. 教具导入法

教具导入法是以实物、图片、标本等教具引出课题，激发幼儿的学习兴趣。例如，在歌唱活动"小青蛙捉迷藏"中，教师给幼儿展示小青蛙的教具，并告诉幼儿："今天，有一只小青蛙来到我们的教室里，它想和小朋友们玩捉迷藏的游戏，小朋友们想和小青蛙做游戏吗？"从而引出本节课主题：小青蛙捉迷藏，如图 7-1 所示。

图 7-1　小青蛙捉迷藏

2. 情境渲染法

情境渲染的导入能够创设一种活跃的课堂学习气氛。在课堂上，让幼儿参与其中，大大激发了幼儿的学习兴趣。这种活跃的教学环境是牵引幼儿注意力和提高教学质量的关键。例如，在歌唱活动"小兔和狼"（图 7-2）中，教师可以把教室装扮成森林的样子，带幼儿走进教室，对幼儿说："今天，森林里开了一场动物运动会，让我们看看，都有哪些小动物参加。"

图 7-2　小兔和狼

3. 谈话导入法

谈话导入具有贴近生活的特点。教师可以以谈话的方式导入音乐活动，提一些幼儿熟悉的问题，使他们产生亲切感和求知欲，抓住幼儿都有好奇心的特点，把幼儿的注意力吸引到音乐活动的内容与情境中去。例如，在歌唱活动"摘草莓"中，教师对幼儿说："今天，我们要去的地方，满地都是红红的果子，果子吃起来酸酸甜甜的可好吃了，你们知道在哪儿吗？"

简短亲切的对话，激发了幼儿学习新歌的欲望，同时开阔了他们的视野，为学习新歌奠定良好的基础。

4. 画面导入法

画面导入法具有直观形象的特点。用生动的视频或图画导入音乐活动，能给幼儿强烈的视觉冲击，增强教学的直观效果，激发幼儿的学习兴趣，更好地培养幼儿的观察力和想象力。例如，学习新歌《小蝌蚪找妈妈》（图 7-3）时，教师边在屏幕上播放蝌蚪在水中游的视频边说："有一群小蝌蚪，在水里游来游去，小朋友们知道小蝌蚪在做什么吗？"

图 7-3　　学习新歌
《小蝌蚪找妈妈》

5. 故事导入法

对幼儿来说，故事有着很强的"诱惑力"，精彩的故事配以老师丰富的表情、动作，最能引导幼儿进入生动有趣的情境中，活跃他们的思维，发展他们想象。例如，为激发幼儿学习新歌《布谷鸟》的兴趣，教师可以讲一个关于森林音乐会的故事，并惟妙惟肖地模仿布谷鸟

的叫声，让幼儿提前感知歌曲中的典型节奏，进一步引发他们学唱歌曲的热情。

6. 谜语导入法

谜语生动形象，是孩子们喜闻乐见的一种语言游戏。用谜语的方式导入，不但有利于激发幼儿的浓厚兴趣，而且能锻炼幼儿的思维能力。例如，在学习新歌《小雨沙沙》前，教师可以先让幼儿猜一猜"千根线来万根线，颗颗珍珠线上串，看得见来摸得着，掉在地上却不见"这条谜语的谜底，让幼儿鲜明、准确、形象地感知歌唱内容，增进对歌曲内容的理解。

7. 表演导入法

利用幼儿好奇爱动的特点，教师可以设计一些肢体表演动作，让幼儿提前感受所学音乐作品的旋律。这样往往可以有效激发幼儿学习音乐的兴趣与热情。例如，在学习新歌《粉刷匠》时，教师可以用逼真的动作，伴随活泼的旋律，以哑剧方式的表演，让幼儿猜猜教师在做什么。如此生动有趣的表演不仅会让幼儿主动为教师喝彩，更会引起他们跟着教师一起边表演、边学唱的兴趣。

8. 节奏导入法

节奏是音乐的灵魂。以歌曲《小雨点》为例，其最有特点的节奏为切分音，因此在导入这首音乐作品时，可以让幼儿先听辨这一节奏类型，并加以拍击。在音乐拍一拍的过程中，幼儿会很快掌握这一典型的节奏，使他们不仅能增强无意注意（一种随意的，没有自觉目的的注意）的能力，而且增加学习音乐的成就感与自信心。

除以上方法外，教师还可以根据实际需要设计更具创意、更精彩的导入方式，关键是导入方式应始终与主题相得益彰，并适合幼儿的年龄特点与欣赏水平。

在音乐教学里，导入方式不是唯一的，我们可以尽情发挥想象力。只要设计得好，从幼儿内心的角度出发，围绕本节课特点，使幼儿能沉浸在愉快的课堂气氛中，就是一节成功的音乐课。

（三）熟悉记忆歌词

1. 故事表演法

有些歌曲的歌词带有明显的故事情节。为了更好地帮助幼儿理解和记忆，可以采用故事表演法。例如，《迷路的小花鸭》这首歌曲的歌词内容就有很明显的故事情节，讲述了一个极富童趣的故事。小花鸭出门玩，不小心迷了路。它蹲在池塘边伤心地哭啊，哭啊。一位小朋友看见了，连忙抱起小花鸭，把它送回家。鸭妈妈找到了鸭宝宝，高兴得连声向幼儿道谢。这个故事贴近生活，有利于幼儿接受并参与表演。因此，在课前，教师就歌词的内容排练了故事表演，请几位幼儿扮演歌词中的角色。在活动中，教师让幼儿先观看表演，然后通过提问"谁在哭？为什么哭？"帮助幼儿理解歌词，再通过故事的小结帮助幼儿规范、完整地学习、记忆歌词。这样不仅将歌词赋予情节，便于幼儿记忆，还使幼儿感受歌词的情境，在演唱中尽情表现对歌曲的理解。

2. 填充提问法

在歌曲范唱之后，教师可根据歌词创设问题，让幼儿根据之前记忆中的歌词回答问题。这种方法，可尽快帮助幼儿组织脑海中的歌词碎片，达到快速记忆歌词的效果。

3. 直观教具提示法

利用与歌词有关的教具，边操作教具，边提示幼儿说出歌词。这种方法直观有效，便于帮助幼儿记忆歌词。

4. 节奏朗诵法

儿歌短小精悍、朗朗上口，因此，幼儿对儿歌的兴趣格外浓厚。当教师首次范唱歌曲之后，幼儿已经对歌曲有了初步的感受，这时便可暂时抛开旋律，让幼儿有节奏地朗诵歌词。这种记忆歌词的方法不会显得死板和刻意，便于幼儿接受。

总之，在歌唱活动中帮助幼儿记忆歌词的方法多种多样，每种方法也不是孤立存在的，可以与其他方法有机地结合，甚至可以借鉴不同学科的教学方法，根据每首歌曲歌词的需要，进行改编和重组，为幼儿学习歌曲奠定基础。

（四）新歌教唱

1. 整体教唱法

有些歌曲篇幅短小，节奏鲜明，旋律朗朗上口，歌词简单易懂，可采用整体教唱法，即让幼儿从头到尾跟唱全曲。用这种方法教学，可以把歌曲的完整性呈现给幼儿，并能够正确把握歌曲的思想感情。

2. 分句教唱法

有些歌曲篇幅较长，乐句结构清楚，可采用分句教唱法，教师教唱一句，幼儿跟唱一句。这种分句教唱的方法虽然便于儿童模仿，但是却破坏了歌曲的整体性，也不利于幼儿集中注意力，所以，在歌唱活动中，这种分句教唱法最好不要贯穿始终。在内容较多的歌曲中，只在遇到难点时，才需要采用教师示范某句，让幼儿跟唱的方法。只有将分句教唱法与整体教唱法结合运用，才能达到最好的教学效果。

（五）游戏巩固

在新歌教授之后，为了使幼儿多次演唱进而巩固歌曲，教师会采用游戏的方法，使幼儿在玩中学，有目的地进行音乐游戏活动，来避免单调地重复演唱练习。设计这一环节活动时，可采取小组活动和个别活动的方式，虽然不必要求每个幼儿达到同一目标，但是也要尽可能让每个幼儿参与其中，以此来锻炼他们的表现力和创造力。游戏中可采用以下活动形式。

1. 创编动作

为歌曲创编动作是创造性的歌唱活动中常见的一种形式，对于结构简单、工整，歌词内容富有动作性的歌曲，可以引导幼儿展开想象，为歌曲创编生动优美的动作来表演。例如歌曲《小老鼠上灯台》（图7-4）短小精悍，小动物的形象鲜明，幼儿可以发挥想象力来模仿猫和老鼠的动作，大胆地表现。

小老鼠上灯台

1=C 2/4

风趣地　　　　　　　　　　　　　　　　　　童谣

5 5 3 ｜5 5 3 ｜5 5 3 ｜5 6 5 ｜

小老鼠，上灯台，偷油吃下不来。

1 1 1 ｜16 1 5 ｜5 5 5 3 2 3 ｜1 － ‖

喵喵喵，猫来了，叽哩咕噜滚下来。

图7-4　歌曲《小老鼠上灯台》

2. 鼓励幼儿创编歌词

在歌词的创编活动中，幼儿歌唱的积极性和主动性大大增强，能充分地体验和享受到自我表达的乐趣。同时，它对幼儿的音乐认知能力，以及创作在意识和能力的培养也大有益处。

在歌曲《动物王国》（图7-5）中，教师可以引导幼儿创编回答的内容。例如把"猴子"换成"兔子"，"大河马在洗澡"换成"花孔雀在跳舞"等。在歌曲创编的过程中，教师应想方设法，充分调动每位幼儿的积极主动性，真正放手让幼儿自己开动脑筋去想、去设计，给幼儿更大的空间来发挥。

动物王国

1=F 2/4

5 1 1 ｜3 5 5 ｜4 3 2 1 ｜2 － ｜5 1 1 ｜3 5 5 ｜4 3 2 2 1 ｜1 － ‖

动物园，真奇妙，猴子蹦蹦跳，猴子想睡大觉，小鸟吱吱叫。
大河马，在洗澡，小鱼游呀游，小朋友看见了，心里乐陶陶。

图7-5　歌曲《动物王国》

3. 乐器编配

这个过程可以与游戏巩固过程相结合，引导幼儿用各种乐器演奏等方式为歌曲创编伴奏，既增强了幼儿的节奏感，又增强了幼儿对歌曲的熟悉掌握程度。

教师可引导幼儿创编出不同的节奏型，再选配三角铁、沙锤、响板等乐器为歌曲伴奏，来营造"雨天中，小雨沙沙"的情境，如图7-6所示。

图7-6　乐器编配

4. 创编丰富的演唱形式

让幼儿为同一首歌曲创造不同的演唱形式，也是一个很有意义的过程，可以帮助幼儿增强对歌曲的理解，提高歌唱的表现力。

在歌曲《夏天的雷雨》（图7-7）的教学过程中，教师可安排男生女生分开唱，让幼儿在歌唱活动中体验合作的乐趣，从而达到发展幼儿创造力的目的。

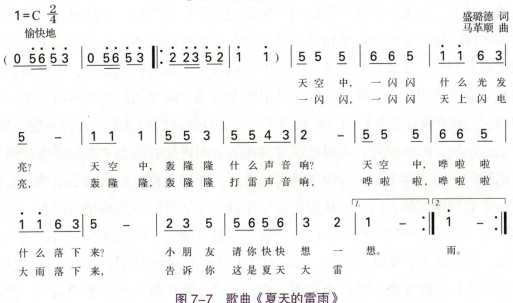

图 7-7 歌曲《夏天的雷雨》

（六）结束延伸

如果说充满情趣的导入是活动成功的一半，那么耐人寻味的结尾，必将使音乐活动得到美的升华，能够引起幼儿对整个活动的回味和思考，使幼儿百学不厌、其乐无穷。

（1）点睛结尾，陶冶情操。在音乐活动中，用点睛式结尾会有意想不到的结果。例如，在欣赏歌曲《听妈妈讲那过去的事》时，幼儿通过层层欣赏已经体会到，歌曲的 A 部曲调优美、宁静，节奏舒展，生动描绘了农村夜景；B 部乐曲大起大落，震人心魄，痛述了旧社会的苦难生活。临近结束时，如果教师能用抑扬顿挫、慷慨激昂的语言对比我国人民在中华人民共和国成立前后的巨大生活差异，必能进一步升华爱国主义教育的主题，让幼儿体会到只有祖国强大，才能受到全世界的尊重，老百姓的日子才能越过越好。

（2）回味结尾，鼓舞精神。教师在结尾处巧妙引入与音乐作品相同内容或主题的文艺作品，可以使本来趋于平淡的结束部分又掀波澜，再次打动幼儿的心。例如，在欣赏完音乐作品《野蜂飞舞》后，教师可以与幼儿一起讨论，配合着这首《野蜂飞舞》乐曲可以玩什么游戏。根据音乐性质，教师可以和幼儿一起玩"找带头人"的游戏。趁幼儿还沉浸在斗智斗勇的游戏快乐中时，教师要伴随音乐，及时提醒幼儿随音乐变换各种动作，要求在

其中起带头作用的幼儿思维敏捷、联想丰富，起观察作用的幼儿反应敏锐、模仿力强。这就好比蜜蜂，白天采蜜、晚上酿蜜，不停地工作，同时替果树完成授粉任务，十分勤劳。这种回味式的结尾能让幼儿的精神受到鼓舞、思想得到启迪，促进其精神品质的培养。

（3）演绎结尾，挖掘潜质。在音乐教学中，教师应注意培养幼儿自信地演唱、演奏或表演的能力，促使幼儿能用音乐的形式表达个人的情感，并与他人沟通以促进感情。同时，让幼儿感受到美的愉悦，感受到情感的陶冶。完美的音乐活动可以在幼儿的律动、歌舞表演中精彩地落幕。例如，在组织实施音乐活动"快乐的阿依古丽"时，教师可以引导幼儿在了解维吾尔族的民族文化、感受新疆歌舞的风格和练习新疆舞的基本舞步的基础上，在活动结尾时提供相关民族服饰，让幼儿自主选择，自由展示维吾尔族的民族特色，由此激发幼儿强烈的表演兴趣与表演欲望，在活跃的气氛中结束整个活动。演绎式结尾法不但能很好地实现寓教于乐的理念，而且符合幼儿好动、好玩的天性，可以使音乐作品给幼儿留下更深刻的印象。

（4）悬念结尾，积极探究。章回小说常常在上下回连接处写上"欲知后事如何，且听下回分解"的提示。这实际上是一种设置悬念的方法，如果用在音乐活动结尾处，通常能够给幼儿留下一个有待探索的大问号，从而激发幼儿进一步学习的强烈欲望。例如，在组织"非洲欢迎你"这一音乐活动时，教师可以先让幼儿观看录像，了解并欣赏非洲的风土人情，模仿非洲朋友热情的邀请语及肢体动作，而后在结束时拿出一个非洲鼓，问幼儿这是什么乐器，待幼儿竞相回答后，教师提示说："非洲有很多种乐器，其中鼓是很重要的乐器，据说非洲的鼓还有许多神奇的功能呢，如说话鼓、欢迎鼓等，你们想了解吗？以后我会一一介绍的。"这样的结束语，往往会引起幼儿的好奇心，他们会追着教师问个不停，由此既激发了幼儿积极主动探索未知的兴趣，又很好地培养了幼儿学习音乐的兴趣。

（5）拓展结尾，开阔视野。幼儿的音乐学习不应仅仅局限在教学内容上，还应拓展或延伸到现实生活的各个角落。音乐活动的结尾环节可以充分利用这种拓展来体现音乐与相关文化之间的密切关系。例如，在组织音乐活动"大中国"时，教师可以在活动结尾时播放题为"祖国美"的课件，并对幼儿说："我们中国好大好美，究竟如何大如何美，还可以和爸爸妈妈一起上网查查看，然后与老师和小朋友们一起分享。"这样的结束方式能把幼儿引入一个更为广阔的天地，让他们学会用自己的头脑去想、用自己的眼睛去看、用自己的手去做。

（6）争鸣结尾，各抒己见。当前的课程教学提倡研究学习，鼓励幼儿在探究发现中寻找答案，使学习过程更多地成为幼儿发现、思考、质疑与探索的过程，从而让幼儿的主动性、能动性、创造性得到充分发挥与发展。在音乐教学活动中也常常会出现一些容易引起争议的问题，如果教师能够把问题抛给幼儿，让他们在活动的结尾处通过讨论、争辩，得出正确答案，将有助于培养幼儿的科学探究精神。例如，在组织音乐活动"彩虹"时，教师可以在鼓励幼儿通过各种途径了解彩虹，在欣赏活动结束后，让幼儿以小组为单位讨论彩虹形成的原因及其组成特点，如图7-8所示。比如有的幼儿认为彩虹是因为太阳很厉害，照出来的；有的幼儿说彩虹是因为下雨后太阳照出来的；有的说彩虹有很多种颜色；有的则说彩虹只有7种颜色，等等。这就比教师直接告诉幼儿答案，更能促进其思维品质与探究精神的发展。

　　总之，教师组织的音乐活动应如精彩的文学作品一样，"起句当如爆竹，结局当为撞钟"，尤其是结尾部分应如深山古刹的钟声，余音绕梁，不绝于耳，能令幼儿沉浸其中，快乐无穷。

图7-8　音乐活动讨论

1.幼儿园歌唱活动教材的选择应从哪些方面考虑?

2.幼儿园歌唱活动的设计分为哪几个步骤?

主题二 幼儿园歌唱活动的案例分析

小班歌唱活动：数豆豆

一、教学活动建议

【活动目标】

（1）掌握乐曲节拍，能够边用手打节拍边学习演唱歌曲。

（2）在熟悉歌曲的基础上，尝试边游戏边学唱和巩固歌曲，通过观察玩游戏的方法，体会游戏所蕴含的规则。

（3）在游戏过程中尝试大胆表达自己的想法，学会合作游戏，初步体验集体游戏的乐趣。

【活动过程】

1. 导入活动：歌曲《数豆豆》（图7-9）

数豆豆

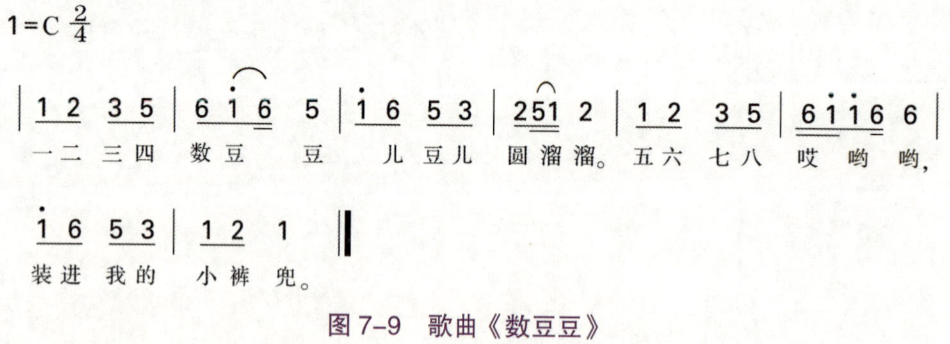

1=C 2/4

| 1 2 3 5 | 6 1 6 5 | 1 6 5 3 | 2 5 1 2 | 1 2 3 5 | 6 1 1 6 6 |
一 二 三 四　数豆 豆　儿豆儿　圆溜溜。五六 七 八　哎 哟 哟，

| 1 6 5 3 | 1 2 1 |
装进 我的　小裤 兜。

图7-9 歌曲《数豆豆》

（1）教师出示一个浅浅的盘子，里面有若干颜色鲜亮、大小适中的豆豆，请幼儿看一看这些豆豆，描述豆豆的样子（教师可提示"圆溜溜"这个词），教师事先告诉幼儿，这些豆豆是用来玩游戏的，不是吃的，做完游戏以后老师会给他们一些干净的豆豆吃。

（2）教师伸出食指，在一下一下"点豆豆"的同时，完整地清唱歌曲一遍："一、二、三、四，数豆豆，豆儿豆儿圆溜溜，五、六、七、八，哎哟哟，装进我的小裤兜。"唱完歌曲，教师将几个豆豆放进裤兜，问小朋友："豆豆装到哪里了？装了几个豆豆？"教师从裤兜里拿出豆豆，放在透明袋子里，和幼儿一起数一数，装了几个豆豆。

2. 学唱歌曲

（1）教师提问："我刚才是怎样数豆豆的？"与幼儿一起回忆、熟悉歌词。教师用动作带幼儿说一遍歌词，然后鼓励幼儿伸出食指，边唱歌曲边"点豆豆""猜豆豆"。

（2）请个别幼儿到前面来"和豆豆玩游戏"，大家一起唱歌，唱完歌曲幼儿装几个豆豆放进自己的裤兜，其他幼儿猜一猜他装了几个豆豆。再请他从裤兜里拿出豆豆放在透明袋子里，然后一起数数他装了几个豆豆。

3. 在钢琴伴奏下唱歌、玩一遍"豆豆"游戏

（1）幼儿变变变，变成各种各样的豆豆，做出不同的豆豆造型，说说自己是什么样的豆豆，老师变成一个大"兜兜"，大家来玩一个"点豆豆"的游戏。教师走到幼儿面前，与幼儿一起伸出食指，从第一个幼儿开始随着音乐节拍边唱歌边一个一个点幼儿，歌曲唱到最后一句"装进我的小裤兜"，教师张开手臂"装"幼儿，大家一起数一数装了几个"豆豆"。

（2）接下来，请一名幼儿在圈内一下一下"点豆豆"（点幼儿）、"装豆豆"（双臂张开抱幼儿）、"数豆豆"（数一数"装"了几个幼儿），接下来再由这名幼儿请下一个幼儿继续游戏，依次让3~4名幼儿开始游戏。

4. 游戏："豆豆钻兜兜"

（1）请两名配班教师手拉手搭成小桥的样子变一个"大兜兜"，教师也变成"豆豆"和所有"小豆豆"们拉着衣服变成一长串"豆豆"，大家一起边唱歌边用脚一下一下地踏着节拍从大"兜兜"下面钻过，唱完歌曲最后一句，两名配班教师放下手"装豆豆"，数数一共装了几个"豆豆"。

（2）请科任教师当大"兜兜"，所有幼儿和科任教师一起唱歌玩游戏。

5. 结束活动：跳个"豆豆舞"

播放歌曲音乐，教师和幼儿一起跟着音乐边唱歌边跳"豆豆舞"，结束活动。播放歌曲原唱，在幼儿跟唱的同时，教师可引导他们加入动作表现歌曲内容，可通过"豆豆拉拉手""豆豆转个圈"等提示，让幼儿互相配合拉拉手、转个圈等；唱最后一句时可互相抱一抱，进一步欣赏歌曲、感受歌曲、表现歌曲。

二、游戏玩法建议

1. 游戏："数豆豆"

在初步范唱歌曲之后，带幼儿一起伸出食指，从第一个幼儿开始随着音乐节拍边唱歌边一个一个点数幼儿，歌曲唱到最后一句，"装进我的小裤兜"，教师抱住幼儿，表示把幼儿"装"起来，大家一起数一数"装了几个豆豆"。

2. 游戏："豆豆钻兜兜"

请配班教师手拉手搭成小桥的样子变一个"大兜兜"，教师也变成"豆豆"，和所有"小豆豆"拉着衣服变成一长串"豆豆"，大家一起边唱歌边用脚一下一下地踏着节拍从"大兜兜"下面钻过，唱完歌曲的最后一句，两名配班教师放下手装"豆豆"，数数一共装了几个"豆豆"。

3. 演唱部分动作建议

1~2小节，伸出右手食指，随音乐节奏做"数"的动作。

3~4小节，两手相对做"圆"的动作。

5~6小节，第五小节做"数"的动作，第六小节将双手摊开。

7~8小节，两手随音乐节奏做"装进裤兜"的动作。

三、效果分析与反思

（1）这次小班歌唱活动是根据小班幼儿的认知能力和发展水平来设计的，在活动中，做到了音乐活动与科学活动相结合，使幼儿在玩中学，轻松愉快地学习了歌曲。

（2）这首歌曲旋律欢快流畅，歌词简单，便于幼儿记忆。同时，在这节课中，教师设计了有趣的游戏情境并将其与音乐融合在一起，不仅使幼儿的兴趣更为浓厚，也帮助幼儿更好地理解了音乐。这样的音乐素材符合小班幼儿的年龄特点。

（3）在学习理解歌词的部分，教师并没有刻意地强调歌词是怎样的，而是通过自身的演示，逐句表演范唱，让幼儿加深了对歌词的理解和记忆。教师一定要提醒幼儿，在数"豆豆"时，要伸出食指去点数，才能数清楚。

（4）总体来说，这节课的效果还不错，但需要改进的是，数豆豆时可降低数字的难度，如控制在2~4颗豆豆就可以了，因为游戏的重点是让幼儿在数豆豆的过程中学会唱这首歌曲。

中班歌唱游戏：种子宝宝快开花

一、教学活动建议

【活动目标】

（1）感受歌曲优美、欢快的意境，理解歌词并尝试学唱歌曲。

（2）借助故事情境创编发芽、开花的动作，尝试与同伴合作扮成瓜的造型。

（3）体验和同伴一同进行歌唱游戏，以及变成各种瓜的快乐。

【活动过程】

1. 创设游戏情境，导入活动。教师播放歌曲《种子宝宝快开花》（图7-10）。

种子宝宝快开花

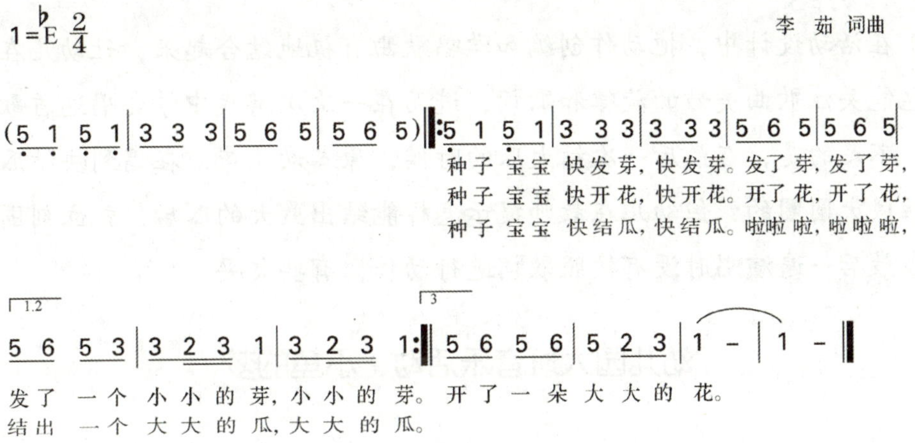

1=♭E 2/4

李 茹 词曲

（5̣·1̣ 5̣·1̣ | 3̣ 3̣ 3̣ | 5̣ 6̣ 5̣ | 5̣ 6̣ 5̣）‖: 5̣·1̣ 5̣·1̣ | 3̣ 3̣ 3̣ | 3̣ 3̣ 3̣ | 5̣ 6̣ 5̣ | 5̣ 6̣ 5̣ |

种子 宝宝 快发芽，快发芽。发了芽，发了芽，
种子 宝宝 快开花，快开花。开了花，开了花，
种子 宝宝 快结瓜，快结瓜。啦啦啦，啦啦啦，

［1.2
5̣ 6̣ 5̣ 3̣ | 3̣ 2̣ 3̣ 1 | 3̣ 2̣ 3̣ 1 :‖ ［3
5̣ 6̣ 5̣ 6̣ | 5̣ 2̣ 3̣ | 1 - | 1 - ‖

发了 一个 小小的 芽，小小的 芽。开了 一朵 大大的 花。
结出 一个 大大的 瓜，大大的 瓜。

图7-10 歌曲《种子宝宝快开花》

2. 感受歌曲旋律，理解歌词，创编发芽、开花、结瓜的动作

（1）教师边操作实物，边演唱歌曲2遍。

（2）幼儿创编歌曲动作。

（3）教师完整演唱歌曲，幼儿做动作。

3. 幼儿尝试学唱歌曲《种子宝宝快开花》

（1）幼儿尝试演唱歌曲。

（2）利用游戏情节，激发幼儿进一步演唱歌曲的热情。

幼儿演唱歌曲，教师在唱到歌曲的第三段时出示大西瓜。

4. 用身体动作玩游戏，与同伴合作结瓜

（1）引导幼儿与同伴合作，结出一个大大的"瓜"。

（2）增加游戏的趣味性，使幼儿快乐游戏。

教师：结的瓜还能再大吗？

教师：如果想结一个超级大瓜，我们要怎样做？

教师：现在，所有的种子宝宝来一起结一个超级大瓜吧！

5.结束活动

教师："今天我们在花园里收获了好多瓜，现在带上这些瓜回家吧！"

伴随音乐，幼儿离开教室。

二、效果分析与反思

（1）这节课在导入时，通过情境渲染法为幼儿创设了大花园的情境，在活动一开始，把幼儿带入大花园中，并用种子宝宝的称呼让幼儿进入歌曲的情境，同时激发了幼儿学习歌曲的兴趣。在操作教具时，幼儿可以很形象、完整地感受到种子发芽、开花、结瓜的过程。

（2）在活动设计中，把动作创编和学唱歌曲有机地结合起来，让幼儿在游戏的同时，也能关注歌曲美妙的旋律和歌词，进而在一次次游戏中学会唱这首歌曲。

（3）不足的是，在最后一次结大瓜的时候，原本幼儿应该在唱到快结瓜的时候再起立拉成大圆圈的，但幼儿在教师提示怎样能结出最大的瓜后，就立刻围成了大圆圈，在最后一遍演唱时没有按照歌词进行动作，有些欠妥。

幼儿园大班音乐活动：小鱼的梦

一、教学活动建议

【活动目标】

（1）欣赏并感受歌曲优美的旋律和意境，理解歌曲内容。

（2）在理解内容的基础上，能自由创编动作，表达歌曲中的情感。

（3）初步学唱歌曲，激发幼儿对音乐活动的兴趣。

（4）尝试根据歌曲创编歌词。

【活动过程】

（一）导入

幼儿模仿小鱼游的动作随着歌曲《小鱼的梦》（图7-11）进入活动场地。

小鱼的梦

1=F　3/4

佚名词曲

$\underline{3}\ \underline{5}\ 5\ 5\ |\ \underline{6}\ \underline{5}\ \underline{3}\ \underline{1}\ 6\ |\ \underline{\dot{5}}\ \underline{1}\ \underline{2}\ \underline{3}\ \underline{3}\ \underline{2}\ |\ 2\ -\ -\ |$

鱼儿　玩呀，　玩了　一天　水，　池塘　妈妈　怀里　睡。

$\underline{3}\ \underline{5}\ \underline{5}\ \underline{6}\ 5\ |\ \underline{6}\ \underline{5}\ \underline{3}\ \underline{1}\ 6\ |\ \underline{\dot{5}}\ \underline{1}\ \underline{2}\ \underline{3}\ \underline{3}\ \underline{2}\ |\ 1\ -\ -\ |$

天上　星　星，　星星　落下　来，　为它　盖床　珍珠　被。

$\underline{5}\ \underline{3}\ 5\ -\ |\ \underline{3}\ \underline{1}\ 3\ -\ |\ \underline{2}\ \underline{2}\ 2\ \underline{5}\ |\ \underline{1}\ \underline{2}\ 2\ -\ |$

呜　　　　呜　　　　风儿　唱着　摇篮　曲，

$\underline{5}\ \underline{5}\ 3\ \underline{5}\ |\ \underline{1}\ \underline{2}\ 2\ -\ |\ \underline{3}\ \underline{5}\ \underline{5}\ \underline{6}\ 5\ |\ \underline{6}\ \underline{5}\ \underline{3}\ \underline{1}\ 6\ |$

轻轻　吹呀，　慢慢　吹，　鱼儿　梦中，　梦中　看见　了

$\underline{\dot{5}}\ \underline{1}\ \underline{2}\ \underline{3}\ \underline{3}\ \underline{2}\ |\ 1\ -\ -\ |\ \underline{5}\ \underline{3}\ 5\ -\ |\ \underline{3}\ \underline{1}\ 3\ -\ |$

妈妈　在亲　它的　嘴。　呜　　　呜　

$\underline{\dot{5}}\ \underline{1}\ \underline{2}\ \underline{3}\ 3\ |\ \underline{3}\ \underline{2}\ 1\ -\ \|$

妈妈　在　亲　它的　嘴。

图 7-11　歌曲《小鱼的梦》

（二）欣赏并感受歌曲优美的旋律和意境

1. 听一听

（1）播放音乐，提问幼儿：听了这首歌，小朋友有什么感受？

（2）教师边操作课件边讲故事。

在一个美丽的池塘里，生活着一群可爱的小鱼（图 7-12）。

到了晚上，小鱼们玩累了，就在池塘妈妈的怀里睡觉。天上的星星眨着眼睛看着小鱼们，星星的影子映照在水面，好像给它们盖上了一床珍珠被（图 7-13）。

图 7-12　活动配图 1

图 7-13　活动配图 2

风儿轻轻地吹，好像在为小鱼们唱摇篮曲（图 7-14）。

小鱼们甜甜地睡着了，梦中看见妈妈在亲吻它（图 7-15）。

图 7-14　活动配图 3

图 7-15　活动配图 4

动画播放完毕，教师向幼儿提问：故事讲了什么？

2．唱一唱

（1）整体范唱之后，鼓励幼儿回忆歌词中唱的是什么内容。

（2）幼儿边回忆歌词，教师边出示图谱，完整地呈现歌曲。

（3）再次完整地欣赏歌曲。

3．猜一猜

教师操作图谱，帮助幼儿记忆歌词并进行分句教唱，对难唱的乐句进行重点练习。

4．演一演

幼儿进入池塘，变成鱼妈妈，哄小鱼们睡觉。

二、效果分析与反思

（1）《小鱼的梦》是一首安静、优美的歌曲，词曲内容丰富，富有意境，便于幼儿想象与理解，旋律优美婉转。在歌曲的学习中，每个幼儿有充分表现自我的机会，真正成为活动的主人。

（2）此次活动利用图谱教学的形式，让幼儿通过观察图谱来记住歌词。同时，还在某乐句留白，请幼儿思考、想象，激发幼儿大胆地创作，为歌曲添加简单的图谱。然后请幼儿看着图谱来演唱歌曲，在跟着旋律演唱歌曲的过程中，大部分幼儿能够基本上看图谱演唱出歌词，提高了幼儿记忆歌曲的速度。

（3）整个音乐活动中，幼儿都是在轻松、愉悦的氛围中度过的。这次音乐活动使幼儿成为活动的主体，让他们学会自主学习，也让他们在自主学习中享受了学习的乐趣，体验了成功的喜悦。

以《粗心的小画家》为题，设计一个歌唱活动。

单元八 幼儿园韵律活动设计指导与实践

1. 了解幼儿园韵律活动的特点。
2. 掌握幼儿园韵律活动的类型。
3. 学会幼儿园不同年龄段、不同类型韵律活动教学设计的方法。

主题一 幼儿园韵律活动的设计与指导

【情境创设】

　　在一次韵律活动中,程老师拿出小动物的头饰(有小松鼠、大象、小猫咪、小兔子)对小朋友们说:"大家先来挑选一下动物头饰,今天我们戴上自己挑选的头饰,一起去大森林里寻找它们好吗?"随后程老师把其中一个大象的头饰戴在自己的头上,让小朋友模仿老师的样子,把自己挑选的头饰戴在头上。当小朋友的头饰都戴好后,程老师问:"小朋友们,你们可以做出头饰动物的动作吗?"这时小朋友们纷纷模仿。教师:"哇!我看(听)见了小猫咪在喵喵叫,小松鼠在吃松子,大象在用长鼻子洗澡,小兔子在蹦蹦跳跳,小朋友们做得都很好。"接着,程老师教给小朋友们两个动作,告诉他们音乐响起,就要进入大森林,看看能不能看见我们喜欢的小动物呢。老师:"小朋友们,当我们伴随音乐往前走四步后,拍手一次,叉腰一次好吗?"小朋友们都开始跟随程老师做动作了,在指导过程中他们基本都可以跟上,但是硕硕好像有些心不在焉,不过也是跟随完成的。教师此时要加大难度,要求小朋友走四步之后做头饰上动物的两个动作。教师:"小朋友们,现在开始寻找我们喜欢的动物!"在指导过

程中，程老师发现硕硕并没有按照提示做，而是在队伍里扮鬼脸、乱跑。程老师挡在硕硕的面前问："硕硕，你为什么跟别的小朋友做的动作不一样啊？""老师，我不喜欢这几种动物。""噢！老师明白了，那你告诉老师，你喜欢的动物是什么？""老师，我喜欢大恐龙。"硕硕同时还做出霸王龙吼叫的样子。此时程老师告诉副班主任，让他快速在空白头饰上印一只恐龙，然后给硕硕戴上。这下，硕硕的表演犹如恐龙真的出现了，教学活动可以顺利进行了。

　　3~6岁的儿童不会掩饰情感的表达，喜怒在面部表情上一览无遗。在幼儿园里，只要是在活动时间，教师就要规避活动过程中可能出现的问题。在韵律活动过程中，应考虑活动教具是否充足、教具发放是否合理、活动地点是否安全、教师语言是否能引起孩子的兴趣等。无论哪里存在疏漏，在游戏过程中都会影响秩序及效果。在这个案例中，动物头饰就相当于教具，在准备时，如果课程需要4种，则教师在收集幼儿所喜欢动物的图案时要多备出几种动物。另外，头饰带子要多准备几个空白的，以便随时调整、更换。韵律活动与游戏的要求是一样的，要在不影响其他幼儿的情况下，适当满足个别要求。

　　那么韵律活动的种类都有哪些呢？又是怎样开展的呢？

一、幼儿韵律的特点

幼儿韵律是幼儿在节奏的伴随下，遵循音乐的特点，有规律地、反复地进行动作的效仿。

（一）幼儿的生理特点

1. 3~4岁幼儿

3~4岁幼儿大脑皮层易兴奋，注意力易转移，行为容易受情绪影响。幼儿骨骼弹性大，易弯曲变形，而且肌肉力量和耐力较差。幼儿心肺系统的调节功能发育不够完善，平衡、躲闪能力较差，动作不协调，易疲劳。在动作发展方面，引导幼儿多模仿，培养幼儿做韵律活动的兴趣。动作方面主要是训练幼儿平稳地控制自己的身体。

2. 4~5岁幼儿

4~5岁幼儿大肌肉发育较为迅速，动作发展明显飞跃。幼儿的肌肉力量和耐力、心肌收缩能力、肺活量提高了一些。使用幼儿感兴趣的方式引导他们做简单的韵律活动，引导幼儿体验走步、跳跃、旋转等不同律动动作，使其灵活控制身体。

3. 5~6岁幼儿

5~6岁幼儿大脑的抑制过程逐渐加强，减少了冲动性，动作的目的性和自控能力也逐渐提高。幼儿动作的协调性、灵活性、准确性有了大幅度提高。他们喜欢尝试一些有难度和冒险的动作，协同活动逐渐增多。在韵律活动中，可以用不同的律动动作，能灵活地控制身体。教师应支持幼儿创造性的身体活动，提倡幼儿的创造力。

（二）幼儿在韵律中的表现特点

韵律往往与舞蹈联系在一起，二者都是由节奏和动作组成的，它们之间也是互相作用的。韵律从字面解释：一是声韵和节律，指音响的节奏规律；二是指某些物体运动均匀的节律。舞蹈是一种表演艺术，是用身体来完成各种优雅或高难度的动作，一般有音乐伴奏，以有节奏的动作为主要表现手段。幼儿韵律在幼儿素质教育中主要体现在美育中，一方面要符合韵律活动的特点和规律；另一方面又要符合儿童成长的需要。幼儿韵律使他们在规范的艺术教育环境中增强对美育的理解，开阔眼界、拓展思维，不仅得到健美挺拔的肢体、端庄的仪表仪态，还能陶冶情操，培养高雅的气质，锻炼坚韧不拔的品质。总而言之，幼儿韵律的基本特点就是在符合幼儿健康发展的基础上，展现幼儿特色，体现幼儿的童趣性、童知性、童幻性和童乐性。

1. 童趣性

童心和童趣总是相继出现，幼儿的世界是奇幻莫测的，用他们的眼光看世界的一切都是美好的。幼儿的世界充满了奇思妙想，寓教于乐的幼儿韵律活动以动听的音乐、不可思议的想象、真挚的情感引导幼儿在趣味高尚、具有较强审美价值的艺术天空中翱翔。童心是幼儿韵律的创作灵感，童趣是幼儿韵律的主要特征。

2. 童知性

幼儿韵律主题鲜明，表现内容短小精炼、形象生动、故事性强，律动形式多采用科学幻想、童话故事、游戏等形式，便于幼儿理解和接受。幼儿韵律中包含知识因素时刻引领幼儿获取新的知识，表现了"爱"与"游戏"的内容，体现了韵律本身所包含的地域特点、民族民间习俗等文化因素，潜移默化地影响着幼儿的心理素质和知识结构。

3. 童幻性

幼儿向往五彩斑斓的世界，韵律活动是幼儿行为在思想、思考中的现实体现。童幻性是幼儿心灵活动中的活跃因素。幼儿在幻想过程中真实而强烈的情感体现及对于想象情境直接表露的特点，正是幼儿韵律艺术形象的依托，是构成幼儿韵律艺术特色的基础。在幼儿韵律活动中，幻想既是沟通幼儿与大千世界的桥梁，又是创作的重要方法。

4. 童乐性

幼儿韵律活动的童乐性主要从情节内容中来体现，幼儿在快乐、愉悦的环境和情绪中接纳知识。同时，活动的内容也应该是直观、易懂、易学的表现方式，即幼儿韵律活动主体在艺术创造过程中的非自觉性与儿童活动的游戏性的统一，以便让幼儿对其产生兴趣。

受欢迎的幼儿韵律活动一般都是集童趣性、童知性、童幻性、童乐性等特点于一体，相辅相成或有所侧重，但是不能有所遗漏，否则韵律活动就没有幼儿特色可言了。

二、幼儿园韵律活动的方案设计

幼儿园韵律活动的方案设计见表 8-1。

表 8-1　幼儿园韵律活动的方案设计

实施步骤	韵律活动内容	教师任务
确定韵律活动名称	律动、舞蹈	研究教材、确定主题
确定韵律活动目标	对活动提出的期望。书写要体现认知、情感态度、行为技能等方面的目标	整合课程、查找资源，确定本次活动的学科目标
韵律活动准备	经验准备：幼儿自身认知，教师相关知识经验	物质准备：环境、语言、材料、工具
韵律活动过程	导入：谈话法、故事引入法、游戏法、猜谜语、图片、视频等	创设情境、导入活动、激发幼儿参与活动的兴趣
	活动指导：引导、集体指导、个别指导、巡回指导	教师引导幼儿主动积极参与活动，以实现活动目标，既考虑整体，又尊重个体差异，并提出希望和延伸的内容
	小结	总结幼儿韵律活动中的情况，如幼儿在韵律活动中的情绪是否愉悦、轻松，是否能够表达自己思想和情感
韵律活动评价	幼儿互相评价、教师评价、课后反思、家长参与评价	本次活动的目标是否达到；对活动过程评价是否兼顾全体和幼儿个体的参与；活动形式是否有利于幼儿掌握目标
韵律活动拓展	语言区、美工区、音乐活动	引导、拓展、提升活动的广度、深度

三、幼儿韵律活动的类型与指导

按照作用和目的，韵律活动可分为以下几类。

（一）幼儿舞蹈

1. 幼儿舞蹈的概念

幼儿舞蹈一般以模仿动作为主，再配合基本动作，就构成了生动、活泼、鲜明的艺术形象，表达了幼儿的思想。

2. 幼儿舞蹈的分类

幼儿舞蹈分为集体舞和即兴舞。

集体舞是教师教授规定动作，幼儿集体参与的活动形式，动作简单易学，是一种很容易被幼儿接收的活动形式。集体舞在歌曲或音乐伴奏下进行，要求幼儿在规定的队形位置上做简单统一、相互配合的舞蹈动作，共同体验舞蹈情绪、交流情感或学习基本动作。其训练目的是增强幼儿的集体观念，增进幼儿之间的团结和友谊。幼儿集体舞结构简单，往往是ABABA、ABACA，可以在一定的队形上反复进行统一的舞蹈动作。幼儿集体舞轻松愉快、活泼健康，且运动适量。

集体舞根据内容不同又可分为幼儿圆圈舞、邀请舞、幼儿中外民间集体舞、幼儿健身集体舞。

即兴舞是让幼儿根据对音乐节奏的理解，自编自演或自发式地表演，充分发挥幼儿的创造力、想象力和表现力，突出个性自由的一种幼儿舞蹈形式，其训练目的是增强幼儿对舞蹈的自信心，学会用舞蹈表达自己的思想，抒发自己的情感。

即兴舞蹈根据内容不同又可分为启发式即兴舞、听音乐即兴舞、命题音乐即兴表演。

3. 幼儿的舞蹈动作要符合幼儿的生理特点

（1）小班：舞蹈动作的设计以简单动作为主，辅以单一基本步，如走步、小碎步、小跑步、横移步等，也可结合幼儿所熟悉的事物或对动物的动作进行模仿，如吹号、打鼓，小兔子跳、小老鼠跑、蝴蝶飞、青蛙跳等各种动作。如图8-1所示，教师指导小班幼儿自由地运用手、臂和躯干来做各种单一的基础训练动作（如勾脚、绷脚、吸腿、伸腿），然后引导幼儿认识人体的相关部位，力求节奏与动作协调平稳。

（2）中班：在动作练习中能够做一些简单的舞姿变换练习，可以根据实际训练的需要改变上肢和躯干的动作速度及幅度，也可以通过节奏变化将单一舞步做稍微复杂的、反复的移动变化，如"错步""交替步""进退步"等，引导幼儿认识舞蹈中脚的位置。

（3）大班：舞蹈动作趋向综合训练，加强身体各部位动作的协调配合，将单一动作组成简单组合，在步伐组合和表演性的舞蹈中提高幼儿记忆力与反应能力，注重追求姿态的优美和动作的协调，如图8-2所示。

图8-1 教师指导小班幼儿的舞蹈动作

图8-2 大班幼儿舞蹈动作

【案例分析】

幼儿园小班舞蹈教案：我的身体

一、设计意图

鼓励幼儿积极主动地参与课堂教学。教师用歌曲来带动舞蹈动作，通过教师的引导，幼儿可以感受认知身体的快乐。激发幼儿在活动中的创造性思维，发展幼儿的想象力和创造力。

二、学习目标

（1）通过舞蹈的学习，幼儿对自己的头、肩、胸、腰、腿、膝盖等身体部位具有感性的认知。同时，采用不同的运动方式（如低头、耸肩、展胸等）训练幼儿身体的灵活性。

（2）能够跟随音乐边唱边跳。

（3）能够愉悦幼儿心情，使幼儿认知身体。

三、活动准备

知识准备：会唱歌曲《我的身体》。

物质准备：音乐《我的身体》。

四、活动过程

（一）导入

师："小朋友们，我们来做一个游戏，好吗？"幼："好！"师："我说出身体的某个部位时，你们要快速指出那个部位，好吗？"幼："好！"师："我看谁能最快指出，每次最快指出的小朋友会得到一张红花贴纸，好吗？看谁累积得最多，好吗？"

师："小朋友们跟我一起来，我的头，我的肩，这是我的胸，我的腰，我的腿，这是我的膝盖，小小手，小小手，小手真可爱，上面还有我的十个手指头。小小脚，小小脚，小脚真可爱，上面还有我的十个脚趾头。向大家展示一下，再来一遍！"

（二）基本部分

1. 讲解动作

请幼儿分散地站在标志圈点上（教师地面上贴有活动时的站位点，一位幼儿站一个点），教师根据歌词传授动作。

2.主要动作与要求（提示幼儿注意安全和动作幅度）

低头：下颚收回，视线下垂，拉伸颈椎。

耸肩：双肩向上耸起，双肩去找耳朵，还原时沉肩。

展胸：肩胛骨向后背方向挤压，胸部向外展开。

扭转腰：胯部保持正对一点，腰部带动身体向左或向右水平转动，在转动时伸长脊椎。

抬腿：右腿膝盖抬起大腿与地面平行，小腿与脚自然放松，左腿主力腿直膝站稳。

屈膝：双膝松弛，同时向下半蹲，之后自然还原。

第一个八拍动作：双脚正步位，折叠大臂和小臂，双手指尖扶头，如图8-3所示。

第二个八拍动作：双脚正步位，双肩耸肩两次，如图8-4所示。

第三个八拍动作：双脚正步位，折叠大臂小臂，双手指尖扶胸。

第四个八拍动作：双脚正步位，上身转腰，如图8-5所示。

图8-3　第一个八拍动作　　图8-4　第二个八拍动作　　图8-5　第四个八拍动作

第五个八拍动作：双脚正步位，右腿抬起，如图8-6所示。

第六个八拍动作：双脚正步位，双手叉腰，颤膝两次，如图8-7所示。

第七个八拍动作：双脚正步位，伸出右臂同时右手扩指，然后左臂伸出，左手扩指，如图8-8所示。

第八个八拍动作：双臂前平举，双手同时左右抖。

第二段重复第一段动作。

图 8-6　第五个八拍动作

图 8-7　第六个八拍动作

图 8-8　第七个八拍动作

五、知识延伸

小朋友们快来坐上小火车，我们一起去小舞台上表演一下吧！

附：歌词

我的头，我的肩，这是我的胸，我的腰，我的腿，这是我的膝盖，小小手，小小手，小手真可爱，上面还有我的十个手指头。小小脚，小小脚，小脚真可爱，上面还有我的十个脚趾头。

（二）律动活动

1、律动活动的概念

律动是韵律节奏的肢体动作。幼儿律动是在音乐的伴奏下，根据音乐性质、节拍、速度、力度等方面的时间间隔，有规律地、反复地进行某一动作或某一组动作的活动。"律动"一词是外来词组，由希腊语"ryhmos"发展而来，译为节奏，即有韵律节奏的动作，是随音乐节拍而动的一种形式。律动教学是幼儿园对幼儿进行节奏和协调性训练的一门主课。它是以音乐为基础、以生活为依据、以模仿为手段的韵律形式之一。从文字上讲，律动可解释为有韵律节奏的身体动作，又称为"听音乐做动作"。幼儿听了音乐，敏感地领会音乐节奏、内容，自发地产生一种与音乐节奏内容相适应的感情，这种感情自然而有节奏地通过身体动作与姿态表达出来。这种由音乐节奏引发感情，同时又把感情变为节奏动作的表现，就是"律动"。它通过律动艺术的特殊美感体验，培养幼儿对音乐的感悟能力，锻炼幼儿的身体协调能力，提升幼儿的艺术表现能力，带给幼儿艺术美的享受。

2、幼儿园律动活动特点

律动是幼儿教育中必不可少的内容，在幼儿园里有着举足轻重的地位和作用。在幼儿生理、心理的发展时期，律动能够激发他们的潜能，利用幼儿爱动、效仿、天真等特点做出各种动作来反映他们的情感。例如，在小动物模仿训练中，让幼儿感受各种动物的形态和习性；同时，让他们分别聆听或快或慢的音乐节奏，这样，幼儿能很快地分辨出什么动物适合什么节奏类型的音乐。

3. 幼儿律动的分类

（1）基本舞步律动：基本舞步律动是指各种幼儿舞蹈中常用的基本步伐（如跑跳步、进退步、小跑步、小碎步、吸腿跳等），能够培养幼儿最基本的节奏感和音乐感知能力。

（2）基本动作律动：基本动作律动是指幼儿生活中各种常用的身体律动和关节的训练（如拍打、追逐、行礼等），培养幼儿最基本的协调能力和模仿能力。

（3）民族风格律动：民族风格律动是对常见的民族舞蹈基本律动的训练（如汉族的秧歌、傣族的孔雀舞等），进一步提高幼儿对不同风格、不同体态、不同民族舞蹈种类的掌控能力，开阔幼儿的视野。

（4）生活情境律动：生活情境律动是对生活中常见的动作的再现，形成一定的、特征明显的动作；同时还能培养幼儿对生活的观察和感受能力。

（5）动物形象律动：动物形象律动是对各种动物运动方式和形态特点的模仿（如小鸭子走路、小鸡吃米、小兔蹦跳、大象喝水、孔雀开屏等），主要培养幼儿的观察、模仿及创造能力。

（6）自然现象律动：自然现象律动是对大自然中常见现象的模拟（如电闪雷鸣、细雨绵绵、花开花谢等），主要培养幼儿的创造性和表现力。

（7）手指音乐律动：手指音乐律动在幼儿早期教育发展过程中起到积极作用，是对幼儿手部的一种训练。手指音乐律动对幼儿手指灵活性及手部肌肉能力的发展十分有益，并且对幼儿大脑开发产生正面的影响。其可以让幼儿在音乐的伴奏下，通过手指运动，培养出节奏感、协调性。

4. 幼儿律动的指导

【案例分析】

幼儿园大班律动教案：哈巴狗

一、设计意图

鼓励幼儿积极主动地参与课堂教学。教师用图片引申到活动主题，让幼儿感受儿歌带给他们的快乐。这个活动可以激发幼儿创造性思维，发展幼儿的想象力和创造力。

对于5~6岁的大班幼儿，吸引其注意力是上课获得成功的一半，因为这个时期的幼儿可控性弱，大部分幼儿需要新事物的刺激才会听从教师的安排。本次活动以

小狗为主题，幼儿以舞蹈动作的方式再配合音乐模仿小狗的样子。

二、活动目标

（1）选择贴近幼儿生活情境的事物编排成舞蹈，能够激发幼儿的兴趣。

（2）能够跟随音乐中的特定歌词做出动作。

（3）能够跟随教师的步调走线。

（4）能够愉悦幼儿的心情，让他们掌握知识。

三、活动准备

知识准备：知道小狗的模样，会几种小动物的经典动作。

物质准备：与活动配套的图片，《哈巴狗》音乐。

四、活动过程

（一）导入

教师先引导幼儿观察手中的图片，再进行启发提问："小朋友们，这是谁啊？"幼："是小狗。"师："看看图片上面一共有几只小狗啊？它们都是什么颜色的啊？都在做什么呢？小朋友们，小狗可爱吗？"幼："可爱！"师："谁来给我描述一下小狗长什么样子啊？"幼："它有大大的耳朵！身上有厚厚的、长长的毛……"师："你们真棒！告诉了我一些之前没有注意到的事情。我们今天一起模仿一下小狗，好吗？你们是喜欢小狗还是大狗呢？"

（二）基本部分

1.讲解动作

请幼儿分散地站在标志圈点上（教师地面上贴有活动时的站位点，一位幼儿一个点），教师根据歌词，教学动作。

哈巴狗

师："小朋友，小狗的耳朵是什么样的？"此时幼儿积极地模仿。教师做出动作引导幼儿效仿。

2.主要动作与要求

哈巴狗：双手并掌放耳边，除大拇指外，其余8根手指做折叠动作，如图8-9所示。

眼睛黑黝黝：双手大拇指与食指握成一个圈，向里向外转动，如图8-10所示。

图8-9 模仿哈巴狗

第一个八拍动作：双脚正步位，双手做哈巴狗动作。

第二个八拍动作：双脚正步位，双臂胸前折叠，右手在第4拍时做举手状，如图8-11所示。

第三个八拍动作：双脚正步位，双手做眼睛黑黝黝的动作。

第四个八拍动作：双脚脚下原地小碎步，双手攥拳放在最下方，呈吃骨头状，如图8-12所示。

图8-10　眼睛黑黝黝　　　图8-11　第二个八拍动作　　　图8-12　第四个八拍动作

五、活动延伸

老师布置一个小任务，让幼儿回家后给爸爸妈妈演示一下"哈巴狗"。

附：歌词

一只哈巴狗，坐在大门口，眼睛黑黝黝，想吃肉骨头，一只哈巴狗，吃完肉骨头，尾巴摇一摇，向我点点头。

（三）音乐游戏

1. 音乐游戏的概念

音乐游戏一般是指在音乐伴奏或歌曲的伴唱下，按一定规则和要求进行各种动作的游戏。音乐游戏是对幼儿韵律的一种训练方法，动作不宜复杂，应简单、易学、趣味性强，主要培养幼儿的节奏感和对空间、形象的感知能力。在一天的生活中，幼儿除日常活动外就是游戏。由此可见，游戏是幼儿最容易接纳的活动方式。把音乐贯穿到游戏中，锻炼幼儿的想象力、表现力和记忆力。

2. 音乐游戏的分类

一般来说，幼儿园音乐游戏分为歌舞性音乐游戏、创造性音乐游戏、模仿性音乐游戏、竞赛性音乐游戏。

3. 音乐游戏的特点

（1）音乐性。音乐是幼儿音乐游戏的灵魂，音乐游戏必须伴随音乐才能达到目的。所以，

幼儿音乐游戏最大的特点就是"音乐性"，让幼儿在游戏中学习音乐，感受旋律的起伏、节奏的跳跃、音色的变化、速度的统一与变化，并随时根据音乐的变化做出反应。幼儿在游戏中学会旋律、节奏、节拍、速度等音乐的基本要素，从而达到学习音乐的目的。

（2）游戏性。好玩、好动是幼儿的特点，因而音乐游戏必须具有游戏性。一方面，音乐游戏材料要形象生动、幽默而夸张，能让幼儿有"胃口"；另一方面，音乐游戏玩法要富有变化和新意，以确保幼儿的兴趣能够持久。

音乐游戏除了具有"音乐性""游戏性"这两大主要特点，还应具有自然性、创造性及趣味性等游戏的共同特点。

4. 幼儿音乐游戏的指导

【案例分析】

幼儿园大班音乐游戏教案：吹泡泡

一、设计意图

吹泡泡是幼儿常玩的游戏，是幼儿在户外玩耍时必不可少的场景，它可以给幼儿带来快乐，使幼儿产生幻想、联想。吹出来的泡泡在阳光下晶莹剔透，而且每个泡泡上还带有彩虹的颜色。本次活动是以幼儿感兴趣的吹泡泡为主题，通过让幼儿亲自实验吹泡泡和怎么吹就小、怎么吹就大的原因，并学习歌曲《吹泡泡》。有了吹泡泡的实际经验，幼儿就可以理解歌词，然后很快就能学会歌曲。

二、活动目标

（1）通过学习吹泡泡，幼儿感知音乐游戏的乐趣，增强幼儿的节奏感，培养其对唱歌的兴趣辨别音乐性质的能力。促进幼儿动作的协调性，发展幼儿的想象力、创造力并且使其获得愉快的情绪。

（2）两人一组，按照音乐节奏合作表演吹泡泡。

（3）在间奏时，外圈幼儿能够在圆圈上按顺时针方向向前行进，交换伙伴继续游戏。

（4）体验和同伴合作玩音乐游戏带来的乐趣。

三、活动准备

知识准备：有过吹泡泡的体验，知道泡泡的形态。

物质准备：圆圈舞场地，《吹泡泡》音乐，红丝带。

四、活动过程

（一）导入

准备吹泡泡用的材料和工具。

师：小朋友们，看我手里是什么？你们知道吹泡泡用的水是怎样制作出来的吗？

幼：是吹泡泡玩具！吹泡泡水是用肥皂水和洗衣液制作出来的。

师：我看看谁吹的泡泡最大呢？

师：小朋友们，吹泡泡的游戏是不是很有趣啊？今天，咱们换一种玩法，好吗？现在两个小朋友合作一起玩吧！

幼：好的！

（二）基本部分

1. 逐个学习第一段动作

大家一起用小嘴巴假装吹泡泡。请全体小朋友双手叉腰，里圈小朋友边唱边向前走4步，走到红点上；外圈小朋友边唱边向后退4步，退到绿线上。

（圆圆的肥皂泡，穿着花衣裳）幼儿面对面做吹泡泡的动作。

预想：可能有的幼儿没有理解意思或没听清楚，可以再次重复要求，然后再把前面动作重复两遍。

（随着风儿飞，闪着七色光）里圈小朋友边唱边向前走4步，走到绿线上，外圈小朋友边唱边后退4步，退到红线上。

预想：可能有的幼儿没有理解意思或没听清楚，或者没有走到指定的位置，可以再次重复要求，然后再把前面动作重复两遍。

（圆圆的七色光，会飞的小太阳，我的小太阳）幼儿面对面做吹泡泡的动作。

预想：此时可能有幼儿没有跟上节奏或动作，或者没有走到指定的位置，此时教师再次重复要求，可以重复两遍前面的动作。

师：小朋友们，我们一起把前面6句连起来做一遍。

2. 完整地边唱边表演第一段

再次回忆动作及步骤，让幼儿加深记忆。

第一句谁往后退，谁往前走？

"圆圆的肥皂泡，穿着花衣裳"走不走呢？

3. 间奏

在间奏部分时，外圈幼儿按顺时针方向向前行进，里圈幼儿不动，交换伙伴继

续游戏。

师：小朋友表现得很棒，我们再来看谁的泡泡吹得大。

预想：此时可能会出现有沿反方向跑的幼儿或站在原地不动的幼儿，这是不熟悉的原因，应该重新说要求，根据幼儿掌握的情况决定练习次数。

4. 第二段，第三段

（圆圆的肥皂泡，穿着花衣裳……）

师：重复第一段动作。注意段落衔接时的里外圈转动。

师：小朋友们，我们现在一起把这三段连起来跳一遍好吗？

五、知识延伸

把幼儿带出教室，让他们在操场上体验吹泡泡的乐趣，鼓励他们跟随音乐舞动身体，如图8-13所示。

附：歌词

圆圆的肥皂泡，穿着花衣裳，随着风儿飞，闪着七色光。圆圆的七色光，会飞的小太阳，我的小太阳。

图8-13　吹泡泡

（四）歌表演

1. 歌表演的概念

歌表演就是以歌唱为主，以肢体律动动作为辅的一种边唱边跳的表演形式，一般指幼儿在演唱歌曲时，配以简单形象的基本动作、姿态、自然表情，表达歌词的内容和音乐形象。

2. 幼儿歌表演活动特点

歌表演首先可以加强幼儿对歌词的理解，使幼儿能够做到律动与歌唱的一致；其次可以加强幼儿舞蹈动作与音乐的协调配合，提高幼儿对歌词的理解能力、记忆能力和舞蹈表现力。

3. 幼儿歌表演的分类

（1）日常生活类：取材于幼儿日常生活（如洗脸刷牙、洗衣服、敲锣打鼓等）。

（2）动物类：观察动物的习性、外表，用夸张、拟人的手法表现出来（如小鸟飞、小兔跳、大象喝水等）。

（3）自然类：通过对大自然的现象的幻想及联想编排出的律动（如太阳公公、月亮姐姐、秋风姑姑等）。

4. 幼儿歌表演的指导

【案例分析】

幼儿园中班歌表演教案：虫儿飞

一、设计意图

教师鼓励幼儿发现大自然的美，用歌词自然引出舞蹈动作，让幼儿发现大自然中的现象，提高幼儿发现大自然、善于观察周围事物的能力。

二、学习目标

（1）通过舞蹈学习，幼儿对大自然中的现象产生了兴趣，可以随着旋律边唱边跳。

（2）能够达到对大自然产生兴趣。

三、活动准备

知识准备：幼儿之前学习过的歌曲《虫儿飞》。

物质准备：《虫儿飞》音乐，课程图片，做头饰所需要的材料。

四、活动过程

（一）导入

师：小朋友们先看看图片。我要问问大家，哪些是益虫？哪些是害虫？小朋友们看看它们各有什么特点？

（教师提前用白纸裁剪一些小虫子造型的头饰，在课程中让幼儿把自己的头饰涂上漂亮的颜色。）

师：小朋友们看我这里有一些图片，谁能告诉我，它们都是什么昆虫？

幼：是蝴蝶！是蜜蜂！是七星瓢虫！

师：哇！你们好厉害，把它们都认出来了！（同时竖起大拇指，表示赞赏）

（接下来，教师给幼儿讲述昆虫的知识，如怎样区分害虫和益虫。然后让幼儿给图片分类，以组为单位，4人一组，每组分配8张昆虫图片。给幼儿留一些时间，然后教师一组一组地验收。）

师：小朋友们，我给大家准备了一些昆虫头饰，你们选择自己喜欢的，给它们涂上漂亮的颜色，再穿上花衣服，好吗？

幼：好！

（此环节结束后）师：小朋友们，把漂亮的头饰戴上，跟我一起去花园里看看好吗？（此时进行舞蹈教学）

（二）基本部分

1. 讲解动作

请小朋友离开自己的座位，戴上昆虫头饰，成活动队形散开。

2. 主要动作与要求

波浪手：双臂从头两侧分别做软手动作，带动小臂小幅度起伏，就像海浪一样。

大雁手：双臂像大雁飞一样从体侧出发，双手手指并拢，向上举到头上方停止，再向下画弧线回体侧。

（1）前奏：双背手，跪坐。

（2）第一段。

第一个八拍至第二个八拍动作：双手屈伸手臂，扩指，波浪手，如图8-14所示。

第三个八拍动作：双臂三点、七点大雁手臂，如图8-15和图8-16所示。

第四个八拍动作：双手经过体前分开做睡觉状，如图8-17所示。

（3）间奏：自转一圈同时双臂大雁手。

图8-14 第一段第一个八拍动作至第二个八拍动作　　图8-15 第一段第三个八拍动作1

图8-16　第一段第三个八拍动作2

图8-17　第一段第四个八拍动作

（4）第二段。

第一个八拍动作：食指指天，双手从上到下弹指，如图8-18和图8-19所示。

图8-18　第二段第一个八拍动作1

图8-19　第二段第一个八拍动作2

第二个八拍动作：食指指地，旁压脚跟，双手托腮花朵状，如图8-20所示。

第三个八拍动作：屈伸腿，开合手臂。

第四个八拍动作：双臂胸前折叠，脚下提脚后跟碎步转。

（5）结束阶段。

第一个八拍动作：左右碎步横移，旁压脚后跟，双臂大雁手臂，如图8-21所示。

图8-20　第二段第二个八拍动作

图8-21　结束阶段第一个八拍动作

第二个八拍动作：双臂依次由食指带出，前平举后体前波浪手打开。

第三个八拍动作：单手依次捂住眼睛，体侧打开双臂。

第四个八拍动作：双摆手，单指食指体前画圈结束。

五、知识延伸

让幼儿戴上头饰，与身边的伙伴一起到森林里舞动起来，看看哪位小朋友跳得最漂亮。

附：歌词

黑黑的天空低垂，亮亮的繁星相随，虫儿飞，虫儿飞，你在思念谁？天上的星星流泪，地上的玫瑰枯萎，冷风吹，冷风吹，只要有你陪。虫儿飞，花儿睡，一双又一对才美，不怕天黑只怕心碎，不管累不累，也不管东南西北。

 思考题

1. 幼儿园韵律活动具有哪些特点？
2. 简述幼儿园韵律活动的类型。

主题二　幼儿园韵律活动案例分析

小班韵律课：好饿的毛毛虫

一、设计意图

这是一个根据绘本《好饿的毛毛虫》（作者是美国作家艾瑞·卡尔）创作的韵律活动，通过这个故事衍生出韵律中的歌表演。幼儿从对毛毛虫的想象到故事绘本的解读，了解了毛毛虫的"卵—毛毛虫—蛹—蝴蝶"的成长过程。教师通过同名歌曲的引导，让幼儿通过身体表演感受到毛毛虫蜕变为蝴蝶的快乐。该活动能激发幼儿在韵律活动中的创造性思维，发展幼儿的想象力和创造力。

二、学习目标

（1）通过歌表演的学习，幼儿可以用肢体语言来表现毛毛虫的动作，对身体的各个部位有了感性认知。同时，不同的韵律动作可以训练幼儿身体的灵活性。

（2）通过绘本故事了解毛毛虫的"卵—毛毛虫—蛹—蝴蝶"的成长过程。

（3）因为音乐节奏平缓，没有太大变化，适合小班幼儿从中体会活动的快乐。

（4）体验歌表演的乐趣。

三、活动准备

知识准备：幼儿事先了解毛毛虫的外形。

物质准备：《好饿的毛毛虫》音乐、纱巾。

四、活动过程

（一）导入

展示绘本PPT、《好饿的毛毛虫》图片。

1. 介绍封面

师：今天老师给你们带来了一本图书。

师：封面上有什么？（逐一介绍题目、作者、图画）

师：题目下面小小的字告诉了我们作者是谁。

2. 看绘本

师：看着封面上的毛毛虫，你们觉得这个绘本讲的是一个什么故事呢？你们见过毛毛虫吗？它是一下子就变成蝴蝶的吗？

师：月光下，一片树叶上躺了一个什么东西？（丰富词语：月光下）

师：小小的东西是"卵"。

师：小小的卵会变成什么呢？

（翻过一页提要求）师：这是一条怎样的毛毛虫？（又小又饿）完整讲述：星期天，"啵"的一声，毛毛虫从卵里爬了出来。（重点突出"啵"）

师：毛毛虫是从哪里来的呢？

师：又小又饿的毛毛虫准备去做什么呢？宝宝们，如果你们饿的时候会做什么呢？

师：毛毛虫抬着腿准备去吃东西啦。

师：星期一，毛毛虫吃了什么？（一个苹果）完整讲述：星期一，毛毛虫吃了一个苹果，可它还是很饿。

（逐一看图片）师：接下来谁能用刚才的话来说一说毛毛虫吃了什么？

（固定句式从星期二一直到星期六，顺序可以前后颠倒）

师：到了星期六，毛毛虫还是没有吃饱，它会吃什么呢？

师：吃了这么多的东西，毛毛虫怎样了呢？它还是当初那条又小又饿的毛毛虫吗？（丰富词语：又小又饿）

师：长大了的毛毛虫去哪里了呢？（毛毛虫吐丝，把自己包裹起来变成了"茧"房子）

师：经过了两个星期，毛毛虫咬破了茧，终于变成了一只漂亮的蝴蝶。

（演变过程）师：原来毛毛虫小的时候是一个小小的卵，慢慢地从卵里钻出了一条毛毛虫，慢慢地吃了很多东西长成了大毛毛虫，最后毛毛虫吐丝把自己包在茧房子里面，经过两个星期之后，终于变成了一只美丽的蝴蝶。

（循环图指示）完成讲述。

（绘本最后）师：让我们也体验一下毛毛虫的成长过程吧！

（二）基本部分

1.教师带领幼儿操作

小碎步：双脚前脚掌着地，根据节奏快速左右脚踩压地面。

星期几手势：从星期一的双手出示"1"到星期六出示手势"6"。

第一个八拍动作：双手出示星期一的手势，脚下小碎步。第四拍双手扩指快速到攥拳两次，同时颤膝两次，如图8-22和图8-23所示。

第二个八拍动作：双手叉腰，左右扭臀，如图8-24和图8-25所示。

好饿的毛毛虫

以后的几个八拍都重复前面的动作。注意，歌词里是星期几，手势就出示几。
其他动作相同。

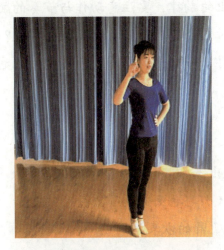

图 8-22 第一个八拍动作 1

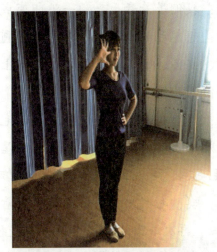

图 8-23 第一个八拍动作 2

图 8-24 第二个八拍动作 1

图 8-25 第二个八拍动作 2

2.教师指导

教师播放《好饿的毛毛虫》音乐。

分段欣赏音乐，进行动作创编。

感受第一段音乐，大胆创编卵变成毛毛虫的过程。

欣赏音乐的第一部分，引导幼儿做第一个八拍到第二个八拍的动作。

师：我们来听听卵变成毛毛虫的第一段音乐，大家想想卵是怎样活动的，我们
可以怎样将自己变成毛毛虫。

师（根据幼儿回答不断追问）：毛毛虫是怎样从卵里出来的？它是怎样扭动的？
毛毛虫往树上爬的时候，它的身体该怎样动？能加上一点身体方向的变化吗？除了

身体能变成毛毛虫，还能用哪个部位变成毛毛虫？做什么动作看起来像毛毛虫爬？

（三）展示与欣赏

师：我们跟着音乐来跳一跳卵变成毛毛虫的韵律，要注意动作与节奏的配合。

师：想想毛毛虫星期一感觉好饿啊！这时它会有怎样的表情？该怎样做？（睁大眼睛、要笑、嘴巴要张开）我们配上表情再来一次，我想看到最可爱的毛毛虫。

评价幼儿的表现。

师：噢！我看见好多肚子饿的毛毛虫啊！

教师给出动作使幼儿根据歌词从星期一一直到星期六的重复动作。

（毛毛虫，毛毛虫，越来越胖了）动作带出。

师：噢！毛毛虫吃得好饱啊，我看看哪只小毛毛虫变大了，肚子鼓鼓了。

（四）再次给出音乐，运用纱巾进行蝴蝶飞舞的歌表演的创编

（1）出示纱巾，引起幼儿的兴趣。

师：我们从刚才的卵—毛毛虫—蛹，变成了一只漂亮的蝴蝶，让我们一起快乐飞舞吧！

（2）幼儿到教师那里领取纱巾，开始自由舞蹈。

欣赏毛毛虫变成蝴蝶的音乐，运用已有的蝴蝶飞的动作经验。表现毛毛虫变成蝴蝶后快乐的心情。

师（根据幼儿回答不断追问）：毛毛虫终于变成了蝴蝶，它是多么高兴啊！我们用纱巾当翅膀，用舞蹈把快乐的蝴蝶跳出来，动作很优美，你和朋友打招呼了吗？蝴蝶怎样打招呼？

（3）教师是参与者，把表演空间留给幼儿，让幼儿自由发挥想象力。

（4）教师总结幼儿的表现。

师：你们能灵活运用纱巾，你们飞舞的样子好可爱啊，还能与音乐配合，很好。

五、活动评析

在活动中，教师应该做好上课前的一系列准备，如准备安全的活动场地、充裕的教具和资料，以备不时之需。例如，在幼儿拿纱巾的环节，纱巾是五颜六色的，每个儿童喜欢的颜色不一样，如果准备不充分就会发生幼儿争抢纱巾的情况，也就扰乱了课堂秩序，无法按计划完成教学任务。所以需要提前做功课，预设一些情况的发生并寻求解决办法，否则教学环节中出现任何状况都会影响教学质量。

中班韵律课：如果爱我就抱抱我

一、设计意图

《如果爱我就抱抱我》是一首很好听的亲子互动歌曲，这首歌曲的学习使幼儿感受爱、回馈爱，让幼儿懂得感恩。

本节课通过绘本《魔法亲亲》来开启"爱"的教育。故事中的小浣熊非常真实地反映出每个身处分离情境的幼儿内心的感受和情绪。那些随分离而涌现的焦虑、恐惧、不安和失措，对于刚开始学习面对逐渐拓展的生活圈与人际关系的幼儿来说，实在是难以招架的压力，仿佛觉得只要离开父母或自己所爱的人，就会失去爱的保障。偏偏幼儿对爱的感觉既具体又直接，他们必须觉得自己被喜欢、被照顾、被呵护，觉得温暖、安全和体贴，才会有爱的感受。一旦父母不在身边，这些爱的感觉就会被完全抽离，幼儿顿时失去最重要的保障和依靠。

幸好浣熊妈妈的"亲亲"及时解救了小浣熊。那个轻轻印在掌心的亲吻是爱的具体表现，也是爱的印记。虽然仅仅是种形式，但是深刻传达了浣熊妈妈对小浣熊亲密浓郁的爱。这样的爱带给小浣熊十足的安全感和勇气，能够抖擞精神，挺起胸膛面对原本令自己恐惧的事，甚至迸发出爱的力量，从模仿中学习表达自己对妈妈的爱，付出爱的实际语言和行动。

二、活动目标

（1）通过韵律的学习，幼儿可以提高肢体协调能力，能够边唱边跳、感受音乐。激发幼儿的表演欲，增进父母与幼儿的亲密度。

（2）通过绘本《魔法亲亲》的故事来问幼儿被爱的感觉是怎样的，然后衍生出爱的亲亲、抱抱等动作。

（3）感受音乐动感的旋律，带给幼儿快乐的感觉，表达出童真童趣。

（4）会边唱边跳《如果爱我就抱抱我》。

三、活动准备

物质准备：《如果爱我就抱抱我》音乐和《魔法亲亲》绘本。

四、活动过程

（一）导入

师：小朋友，我手里的这本书是《魔法亲亲》。亲亲怎么会有魔法啊？为什么叫"魔法亲亲"呢？是谁亲了谁呢？

师：我们一起分享一下这个故事好吗？让我们从中找到完美的答案好吗？

（此时教师翻开绘本第一页，开始讲述"魔法亲亲"的故事。）

师：小朋友们听完故事，你们知道是谁得到了"魔法亲亲"吗？

幼：是小浣熊！

师：为什么小浣熊得到了"魔法亲亲"呢？

幼：因为它要去上学了，但是它不愿意离开妈妈，在妈妈身边是最幸福的时光，但是小浣熊到了上学的年龄了，要去幼儿园学习知识了。

师：哇！小朋友说得真棒，小浣熊的妈妈在小浣熊的手心里留下了一个"魔法亲亲"告诉它妈妈爱它，有了这个亲亲，妈妈就在它的身边，想妈妈了就用手放在脸颊上，妈妈就在它的身边，使小浣熊感受到了爱。小朋友们，你们最爱谁啊？你们的亲亲想送给谁呢？现在我给你们带来了一首好听的歌，你们学会后，回家给最爱的人演唱，好吗？

（二）幼儿操作与教师指导

1.教师带领幼儿操作

陪陪我：正步位，双手肩上位，双手指尖做打肩的动作两次。

亲亲我：正步位，双手食指伸出指脸颊，如图8-26所示。

图8-26 亲亲我动作演示

夸夸我：右手出大拇指，左手叉腰，左右脚向前迈一小步，脚后跟着地。

抱抱我：小臂折叠，放于胸前。

2.教师指导

教师用歌词引导幼儿做动作，先唱出歌词再模仿教师做动作。

（三）展示与欣赏

（1）放音乐让幼儿跟随音乐表演，教师可以在旁边进行提醒。

（2）告诉幼儿这首歌回家要送给他们最爱的人，同时要先给最爱的人一个"魔法亲亲"，并告诉他（她）："我爱你，你辛苦了！"

（3）每个人都喜欢被爱，因为那样会很幸福的。我们也要去爱别人，让我们的爱住在别人心里，那样我们也会感觉到温暖。

五、活动延伸

此活动主要让幼儿通过绘本故事感知爱的教育。幼儿回家后需要把在幼儿园学到的传递给他最爱的人,使亲子关系更加融洽。

六、效果分析与反思

此活动使幼儿自然而然地陶醉于充满爱的舞蹈情境中,拉近家长与幼儿的距离,增强彼此的亲密感与温暖感。本节课加入社会领域的爱的教育,幼儿很容易通过对小浣熊案例的理解,积极地想要体验爱别人的感觉。

大班韵律课:把春天叫醒

一、设计意图

春天来了,万物复苏,百花盛开,气温回升,候鸟迁徙回北方。教师可以在教学时把这些景象在用图片或 PPT 给幼儿展示。

二、活动目标

通过韵律中的律动学习提高幼儿的模仿能力、空间方位感,通过跳跃步的练习提高其表现力和手脚协调能力。

三、活动准备

知识准备:幼儿了解春天的特征。

物质准备:《把春天叫醒》音乐,课程图片。

把春天叫醒

四、活动过程

(一)导入与评价

1.教师引导

把幼儿带出教室,走进操场,提出问题引起幼儿注意力,激发兴趣。

师:我们现在的幼儿园有什么不一样的地方吗?我们幼儿园里的杏树怎么了?柳树怎么了?你们摸摸教室里的暖气有什么变化?

教师把幼儿领进操场,问:"大家看到我们的幼儿园里有什么变化了吗?"

幼:柳树长出小芽啦!老师,花池的花开啦!蒲公英在飞啊!滑梯上有小虫子在爬!

师:噢,你们观察得很仔细。嗯,这就是春天,万物复苏,告别了冬天的严寒,气温慢慢回升,小动物从冬眠中醒来了,让我们一起去观察它们吧。

幼:好!

2.教师评价

对幼儿的回答进行总结和归纳，如柳树长出小芽啦，花池里的花开啦，滑梯上有小虫子在爬……使幼儿对春天有更多的感受。

（二）幼儿操作与教师指导

1.教师带领幼儿操作

聆听手：单手放耳边扩指。

大雁手臂：双臂从体侧向正上方合拢再打开。

前奏：右手的大雁手臂，左边一次大雁手臂，双臂大雁手臂一次，手叉腰，右脚旁点地，右手前、旁画抛物线。

第一个八拍动作：聆听手，左手位于头部斜前方，翻转手心手背，如图8-27所示。

第二个八拍动作：双臂体前交叉，手臂画一圈，脚下屈膝小碎步，如图8-28和图8-29所示。

第三个八拍动作：左脚向前一步脚后跟着地，左手在下巴下做摆手动作，右脚重复。

第四个八拍动作：大雁手左一下、右一下、自转一周。

第五个八拍至第八个八拍重复第一个八拍至第四个八拍动作。

图8-27　第一个八拍动作

图8-28　第二个八拍动作

图8-29　第三个八拍动作

2.教师指导

教师引导幼儿做动作，先唱出歌词再模仿教师做动作。

（1）逐字逐句地使幼儿模仿动作，同时进行歌词提醒，激发幼儿的想象力。

（2）对于有难度的动作可做重复多次教授。

（3）这个韵律中有方向的转变，可能幼儿的空间感还不是太完善，所以可以做一些方向练习。

当教授完一段落后，教师要多次重复带领幼儿模仿动作，然后放手让幼儿自己独立完成，可以分成若干组检查幼儿的学习效果，当教师检查某一组时，其他组可以得到休息。

（三）展示与欣赏

（1）播放音乐，让幼儿跟随音乐表演，教师可以在一旁进行提醒。

（2）请有表演欲望的小朋友自告奋勇地表演。

（3）教师在对于幼儿的表现给予肯定的同时，还要告诉幼儿哪里需要加强。

思考题

1. 设计中班韵律活动"洋娃娃和小熊跳舞"的教学过程。

2. 自选题目，设计一个幼儿园小班韵律活动方案。

单元九　幼儿园音乐欣赏活动设计指导与实践

1. 了解不同年龄阶段幼儿音乐欣赏活动的特点。
2. 掌握幼儿音乐欣赏活动的内容及欣赏的技巧。
3. 学会设计幼儿园音乐欣赏活动方案。

主题一　幼儿园音乐欣赏活动的设计与指导

【情境创设】

  在欣赏《摇篮曲》时，由于旋律起伏不大，长于抒情，节奏均衡，略有摇荡感，速度缓慢，力度较弱，音乐形象亲切温和。于是，教师先让幼儿听音乐感受"你觉得怎么样？""在梦里你见到了什么？"然后让幼儿闭上眼睛欣赏，每听完一次让幼儿将感受说出来："我看见妈妈抱着我，在天上飞呀飞"，"我做了个美妙的梦，梦里有甜甜的冰激凌，美味的糖果"……幼儿自由地说出自己奇妙的想法。在教师的鼓励和肯定下，平时不爱开口的幼儿或缺乏自信心的幼儿也逐步参与到欣赏活动中。

  那么幼儿园音乐欣赏是如何发展的呢？幼儿园音乐欣赏的内容都有哪些呢？幼儿园音乐欣赏活动又是怎样开展的呢？

【基础知识】

　　音乐欣赏是一种通过音乐认识世界的审美活动。幼儿园音乐欣赏活动是让幼儿通过倾听音乐，进而对音乐进行感受、体验、理解、创造与表现的活动，可以发展幼儿的欣赏能力和审美能力。音乐教育家穆塞尔说过："音乐教育就是欣赏教育，就是为了欣赏而进行的教育。"教师应引导幼儿怀着由衷地热爱音乐的情绪情感，主动追求从音乐中获取自我满足与自我发展，有效激发幼儿对音乐的兴趣，开阔幼儿的音乐视野，培养幼儿对音乐的感知能力、注意力、联想力、想象力和创造力，并在欣赏中获得初步的审美能力。

一、幼儿园音乐欣赏发展的特点

　　不同年龄阶段幼儿的音乐欣赏特点各不相同，因此，对幼儿音乐欣赏活动内容的选择应符合其年龄特点。

《3~6岁儿童学习和发展指南》指导下音乐欣赏活动的实践与探索

1. 小班幼儿音乐欣赏的特点

　　小班幼儿能初步理解他们所熟悉歌曲的歌词内容，能理解性质比较鲜明的音乐情绪等。多数小班幼儿能跟着音乐动起来，喜欢听节奏鲜明、欢快的音乐，喜欢模仿声音，随音乐做简单的动作。

　　一般情况下，小班的音乐欣赏内容以歌曲为主，刚入园的幼儿喜欢听有关小动物的歌曲，里面有模仿小动物的声音，音乐形象鲜明，如《春天在哪里》；小班幼儿欣赏的器乐曲，要形象单一鲜明，最好具有能够模拟的声音（如马蹄声、小鸟叫声、火车鸣笛声、汽车喇叭声等），如《小鸟的歌》。这样的作品符合小班幼儿的年龄特点和欣赏水平。

2. 中班幼儿音乐欣赏的特点

　　中班幼儿听辨音的能力有所提高，一般能欣赏内容较为广泛、性质风格多样的音乐作品，如活泼欢快的舞曲、激昂振奋的进行曲、安静舒缓的摇篮曲、优美动听的抒情曲、篇幅较长的叙事性歌曲等。在音乐的速度、力度、节奏、结构的把握上，往往能够通过教师组织的音乐活动，初步感受乐曲的结构，听出乐段、乐句之间的重复，以及乐曲在情绪上的明显差异，能基本理解音乐所表达的情绪和情感，并由此展开一定的想象。

　　中班音乐欣赏中，歌曲仍应居于主要地位，歌曲的内容、性质、表现形式要比小班多样化，如《茉莉花》《半个月亮爬上来》等；中班欣赏的器乐曲，内容也比较宽泛，如乐曲《啤酒桶和小老鼠》《欢乐颂》《小星星变奏曲》等。

3. 大班幼儿音乐欣赏的特点

大班幼儿具有一定的音乐欣赏能力，幼儿可以把握音乐中蕴涵的多种要素，如音乐中的运动和张力、音乐中的情感及音乐中的形象和情节。此时，幼儿想用自己喜欢的方式来表现音乐，能够准确地表达自己对作品的理解，并有想象力。

大班音乐欣赏中，歌曲仍应居于主要地位，歌曲的内容、性质、表现形式更加多样化，如《龟兔赛跑》《听妈妈讲那过去的事情》《勤快人和懒惰人》等；大班欣赏的器乐曲，内容更宽泛，如《狮王进行曲》《四小天鹅》《金蛇狂舞》《野蜂飞舞》《彼得与狼》《牧童短笛》等。

二、幼儿园音乐欣赏活动方案设计

幼儿园音乐欣赏活动方案设计见表 9–1。

浅谈幼儿园音乐欣赏中的导入和表现

表 9–1　幼儿园音乐欣赏活动方案设计

实施步骤	活动内容	教师任务
选取活动主题	音乐欣赏	贴近生活符合身心特点
确定活动目标	认知 情感与态度 操作技能	整合课程，查找资料，确定切实可行的目标
进行活动准备	经验准备 物质准备	教具、材料、环境等
开展活动过程	欣赏体验音乐 初步理解音乐 表现演绎音乐 加深理解音乐	创设情境，导入活动，激发兴趣，引导幼儿主动积极参与，实现目标。尊重幼儿个体差异等
延伸活动内容	五大领域结合	引导、拓展和提升活动效果等
反思活动效果	对幼儿表现的评价 对活动效果的评价	幼儿能力是否提升，情感是否升华等。 活动目标是否达成，活动过程是否兼顾全体和个别幼儿等

三、幼儿园音乐欣赏活动指导

1. 从完整作品开始欣赏的活动设计（以《四小天鹅》为例）

（1）教师展示挂图，描绘出带天鹅去花园玩耍的情境。

（2）教师播放音乐，并用套在手指上的教具"天鹅玩偶"在挂图上运动，以暗示音乐的节奏和结构。

（3）教师邀请幼儿伸出食指，边听音乐边模仿教师运动，以感知音乐的节奏和结构。

（4）教师用创编简单韵律动作的方式继续引导幼儿感知和享受音乐。

2. 从作品的某个部分开始欣赏的活动设计（以《金蛇狂舞》为例）

（1）教师播放过新年时敲锣打鼓、舞龙灯的视频，并展示挂图。

（2）教师利用挂图引导幼儿感知音乐中模仿锣鼓节奏的下半段，并教幼儿学会吟诵以该段节奏为基础创编的锣鼓模仿音响。

（3）教师用音乐为幼儿的吟诵伴奏。

（4）教师引导幼儿用手臂模仿舞龙灯的情境，配合体验上半段音乐，并结合下半段节奏进行整体欣赏。

【案例分析】

20首最适合孩子听的中国古典曲目

音乐欣赏活动《牧童短笛》

一、活动过程

（一）初步欣赏，创设情境，导入活动

"清明时节雨纷纷，路上行人欲断魂。借问酒家何处有，牧童遥指杏花村"，听完这首诗歌，你们的脑海里是不是浮现出了牧童吹笛的画面呢？今天我给你们带来了一首好听的乐曲，叫《牧童短笛》，这是一首欢快的乐曲，我们一起来听一听，仔细听它是用什么乐器演奏的？

（播放音乐）第一次欣赏后，教师提出问题：

（1）这首乐曲主要是用什么乐器演奏的？（幼儿回答后，教师出示笛子图）

（2）关于笛子你们了解什么？

小结：笛子是我们中国人发明的一种吹奏乐器，演奏的时候把它横着放在嘴边。笛子通常用竹子做成，能吹奏出不同风格的乐曲，还能模仿鸟叫声呢！

（3）我们一起来听一听。（播放笛子演奏的各种声音）有什么感觉？

小结：声音很连贯，越来越长，越来越远，这样的声音表现的是悠扬、安静的感觉。声音停顿、跳跃表现的是欢快、活泼的感觉。

（二）继续欣赏，感受两种不同的情绪

刚才听到的乐曲给你的感受是怎样的呢？

再听一听，感受一下。第二次欣赏后，提出问题：说说这首用笛子演奏的乐曲表现出的是什么？

小结：每个人对音乐的理解都是不一样的，有的人听出了优美平静的感觉，有的人听出了欢快跳跃的感觉。而且，反复地听还会有不同的感受。我们再来听一听，

这次你会有什么新的感受呢？是整首乐曲表现的都是同一个感觉，还是几种感觉都有呢？（边听音乐，边播放旋律图）

（三）第三次欣赏后，提出问题

（1）你有什么新的感受吗？哪一段让你有这样的感受？为什么？

小结：一般来说，平稳连贯的旋律会给我们优美、安静、柔和的感觉，而跳跃、起伏较大的旋律会给我们欢快、明亮的感觉，而且我们会发现，一首曲子里可以存在几种不同的旋律风格。

（2）这首曲子里就有悠闲和欢快两种情绪表现，它们藏在哪一段里呢？（观察旋律图）

小结：你知道吗，每一首乐曲都藏着一个故事，旋律在变化就是故事情节在变化。这首乐曲里悠闲和欢快的两种情绪在讲述一个什么样的故事呢？请你结合乐曲，仔细看一看接下来播放的画面。（教师结合画面简短讲述故事）

（四）尝试用肢体动作表现骑牛的快乐

设想一下，你就是那个坐在牛背上的幼儿，把你的悠闲和欢乐随着音乐尽情地表现出来吧！

二、活动延伸

一边听音乐，一边用绘画的形式展现音乐中的美好画面吧！

三、活动指导

1. 选择适宜的音乐欣赏内容

作品要符合幼儿的年龄特点与认知水平。

2. 创设生动的学习情境

教师可以用生动活泼的语言吸引幼儿的注意力，把幼儿带入相应的情境中，也可以利用图画、多媒体、实物等手段再现音乐作品情境。例如，听歌曲《大拇指》时，教师先妙趣横生地介绍手指的名称，口气幽默有趣，没有借助任何辅助道具，仅使用夸张的语言打动幼儿，知道大拇指藏起来了，太有意思了，抓住了幼儿的心灵再进行动听清唱："大拇指，大拇指，你在哪里？"然后大拇指慢悠悠地出来，唱："我在这里，我在这里，你好不好。"

3. 引导幼儿用动作、语言、美术等多种方式与音乐对话，实现五大领域的有机整合和渗透

在音乐活动中，教师应尽量让每位幼儿有动起来的机会，身体的运动是幼儿的本能，如果这个音乐很动听、很感人，幼儿就会有肢体动作的欲望。肢体动作的配

合对于幼儿感受作品非常重要，运用肢体语言可以激发幼儿学习的兴趣，引起幼儿对音乐形象的关注与感受，从而借助体态动作使音乐成为看得见的身体活动。教师要善于创作肢体的动作或善于鼓励幼儿的动作表现，这样将大大提升教学效果。例如，在欣赏《柳树姑娘》歌曲时，待幼儿熟悉歌词后，可以让他们充分想象柳树姑娘会怎样展现自己的美，让他们动起来，在自创动作中感受柳树姑娘的美。

4.用游戏化的方式引导幼儿感受音乐

运用生动形象的音乐游戏让幼儿感知音乐，一种是音乐表演游戏，让幼儿跟着音乐徒手进行；另一种是音乐操作游戏，让幼儿通过操作道具跟随音乐进行。例如，歌曲《蜗牛》适合小班幼儿练习节拍，游戏性也较强。让幼儿拉手成圆圈对应一、二段，慢慢向中心移动，慢慢蜷缩，挤在一起体验快乐，慢慢后退，教师带队紧缩圆圈，走成蜗牛状。非常形象的游戏辅助歌唱，加大了音乐对幼儿的感染力度，小班幼儿就会充分享受到音乐的乐趣。而许多歌曲中也能加入游戏创作，如《迷路的小花鸭》《蚂蚁搬豆》等歌曲，教师都可以安排游戏场景帮助幼儿有效学习并理解歌曲内容。

5.要不断丰富幼儿的相关生活经验

幼儿具备一定的生活经验是理解音乐的基础。生活经验来自平时的点滴积累，教师应多关注幼儿生活和知识经验的积累。

赶花会

小放牛

开展幼儿园音乐欣赏教学活动的方法

思考题

1.幼儿园音乐欣赏活动方案设计的步骤有哪些？

2.如何对幼儿园音乐欣赏活动进行指导？

3.根据所学知识，设计一个体现音乐欣赏活动设计步骤的方案。

主题二 幼儿园音乐欣赏活动案例分析

小班音乐欣赏活动：狮子与小鸟

一、活动目标

（1）欣赏音乐，激发幼儿对音乐欣赏的兴趣。

（2）培养幼儿对音乐的感受力和表现力，初步感知不同动物的音乐形象与特点。

（3）体验用不同的方式表现音乐，能大胆展示自我。

小班音乐欣赏：
小马过河

二、活动准备

课件、音乐、视频、不同动物头饰等教具。

三、活动过程

（一）导入新课，激发幼儿兴趣

"小朋友们，你们看，春天已经悄悄来了，森林里的各种小动物都出来玩，你们看谁来了？"（播放狮子边吼叫边出现的小视频）"刚才狮子是怎样出现的？"这时候，小鸟看到了森林之王，连忙说："欢迎，欢迎。"（播放小鸟的小视频）"小鸟的声音好听吗？我们一起猜猜这是谁的声音吧。"

（二）欣赏音乐，体验并感受不同的音乐变化

1.欣赏音乐，初步感受不同动物的声音特点

"老师这里有粉色和黄色两个音乐盒，请小朋友们仔细听一听，听完后告诉老师，你们分别联想到了哪两种动物。"然后教师播放有音乐盒的画面和乐曲。小朋友听完音乐后回答，粉色音乐盒放出的音乐联想到小鸟，而黄色盒子的音乐联想到狮子。

2.音乐形象与动物形象结合，启发幼儿思维

"小朋友们，为什么你们听到第一段音乐会联想到小鸟，而听到第二段音乐会联想到狮子呢？"（幼儿回答）

"小朋友们讲得都不错！因为第一段音乐比较欢快，使人一听就想到灵巧的动物，比如小鸟；而第二段音乐速度较慢，给人一种很沉重的感觉，好像一只威武的大狮子向我们慢慢走来！"

3.用律动表现音乐

教师播放音乐，幼儿随着音乐模仿狮子与小鸟，尝试用不同的律动方式进一步体会音乐。

（三）进一步拓展

观看动画片《百兽之王》片段，加深对其中音乐的理解。

四、活动延伸

请幼儿用生动的语言讲述森林里不同动物的故事，或者用绘画的形式将可爱的小动物展示出来。

五、活动反思

在本次活动中，教师运用多种多媒体手段，为幼儿创造了一个真实生动的欣赏环境。将音乐形象与动物形象有机结合，启发了幼儿的形象思维，并让他们用律动、绘画等多种方式来体验作品，较好地体现了音乐活动的整合原则，调动了幼儿已有的生活经验，使幼儿在整个音乐欣赏活动中充满兴趣和活力，充分体验到音乐的快乐，不仅达到了较好的教学效果，也提高了幼儿对音乐的感知力、想象力、创造力等，还培养了幼儿在活动中大胆表现自我的信心。

摇篮曲

【案例分析】

在音乐欣赏活动中，教师应根据不同作品的内容和特点尽可能为不同年龄段的幼儿提供较多的参与机会，如跟随音乐做动作、歌唱和演奏简单的打击乐曲等来感知和表现音乐，也可以在音乐的伴奏下欣赏图片、视频、动画，或者以创作美术作品的方法来感知和表现音乐，还可以用表演或创作文学作品的方式来感知和表现音乐。在本案例中，教师综合应用了多种方式，如展示图片、播放视频、律动模仿、语言描述和绘画展示等，为幼儿提供了理解、表现和体验作品的机会，提高了幼儿的音乐欣赏水平和音乐表现能力，开拓了幼儿的音乐视野，丰富了幼儿的音乐知识。

中班音乐欣赏活动：赛马

《赛马》是我国著名的二胡独奏曲。音乐在群马的嘶鸣声中展开，旋律粗犷奔放。由远到近清脆而富有弹性的跳弓，强弱分明的颤音，描绘了赛马盛况的情形。

一、活动目标：

（1）欣赏乐曲，初步了解乐曲的内容。

（2）认识中国民族乐器二胡。

（3）感受旋律的气氛并体会和同伴一起参加集体音乐活动的乐趣。

二、活动准备：

（1）PPT、创设大草原环境（草原背景图及枣红马、白马、黄马图片）。

（2）《赛马》乐曲。

（3）民族乐器：二胡。

三、活动过程：

（一）情境导入，激发幼儿兴趣

（播放PPT，营造大草原环境）

小朋友们，你们去过内蒙古大草原吗？今天，老师就带你们到内蒙古大草原上去看一看。

多美的大草原，蓝蓝的天、绿绿的草，图片上还有什么？

对了，蒙古人民勤劳勇敢最爱骑马。哦，今天草原上还有一场热闹的比赛呢，你们想知道是什么比赛吗？

（二）初步欣赏乐曲《赛马》

（1）欣赏第一遍乐曲《赛马》，介绍乐曲名称。

小朋友，你们能听出来这是一场什么比赛吗？你们是从哪里听出来是在赛马呢？

小结：我们听到了马跑的声音，马叫的声音，这是蒙古人民在草原上正在赛马。我们听到的这首乐曲叫作《赛马》。

（2）听故事、欣赏乐曲《赛马》。

教师边讲边操作活动教具：各位观众，赛马开始了。现在跑在最前面的是一匹枣红马，马背上的小伙子很得意。后面一匹大黄马追上来了，骑马的还是个小姑娘呢！多勇敢！加油呀，后面又有一匹大白马追上来，比赛越来越激烈了。观众们有的喊加油，有的跳起了舞。比赛继续进行着，快到终点了，马儿都不愿落在后面，都在使劲跑。看，枣红马一大跨步过了终点，它高兴地叫起来，向大家报喜！

（3）由"马叫"引出幼儿对二胡的兴趣。

赛马结束了，你们有没有从音乐中听到枣红马在叫？告诉你们一个小秘密，其实刚才音乐中的马叫声音不是真的马在叫，它是用一种乐器模仿出来的，有谁知道是什么乐器？

（三）介绍二胡，分段欣赏，感受乐曲的内容

（1）介绍二胡的构造、特点。

二胡是我国的民族乐器，它是用木头制成的，上面那两根细细长长的线叫弦。

右手拿着的叫弓，弓毛是用马尾制成的，一拉一推，弓就会发出声音。听，这是什么声音？（教师用二胡模仿马叫的声音）听，这又是什么声音？（教师拨弦模仿马跑的声音，让幼儿了解"拨弦"）

（2）再次欣赏《赛马》乐曲。（欣赏过程中可以模仿二胡演奏动作）。

（3）分段欣赏乐曲《赛马》，了解各乐段的不同内容及性质。

①欣赏第一乐段。

这一段音乐的速度怎么样？你好像看到了什么？（讨论）

小结：第一段音乐的速度很快声音越来越响，好像比赛开始了，很多马从远处跑来。

小朋友，你们会骑马吗？现在我们听第一段音乐，你们来赛马，比一比哪匹马跑得快。（要求按音乐节奏做动作）

②欣赏第二乐段。

第二段音乐和第一段音乐有什么不同？你好像看见了什么？（讨论）

小结：第二段音乐速度比第一段音乐慢，很优美、抒情，好像看赛马的观众在喝彩、送奶茶、拍手、跳舞。

③欣赏第三乐段。

第三段音乐的速度怎么样？这段音乐好像讲了些什么？（讨论）

小结：第三段音乐的速度更快，比赛更激烈，快到终点了，马儿飞快地向终点跑去，最后，取得胜利的大马高兴地叫起来。

（四）通过身体动作的表演进一步感受乐曲

小朋友，你们想不想来举行赛马比赛？好，我们一起骑上马，比赛马上开始。

四、活动结束

我们今天一起去了大草原，听到了用二胡演奏的赛马乐曲，还观看了赛马比赛。小马表现得非常好，我们给它们喝点水吧。

五、活动反思

在活动过程中，为孩子创设了一个真实生动的欣赏环境，将音乐与骑马比赛有机结合，让幼儿去了解它、接纳它、表现它，运用多通道参与的方式，让幼儿通过欣赏、律动活动自发地投入听、说、想、做、演的活动中来，进行探索性、创造性的学习。

在音乐欣赏活动中，教师应尽量根据不同作品的内容和特点为不同年龄段的幼儿提供较多的参与机会，如跟随音乐做动作、歌唱和演奏简单的打击乐曲等来感知和表现音乐，也可以在音乐的伴奏下欣赏图片、视频、动画或创作美术作品的方法来感知和表现音乐，还可以用表演或创作文学作品的方式来感知和表现音乐。在本案例中，教师根据中班幼儿年龄特点创设赛马情境，为幼儿提供了理解、表现和体验作品的机会，提高了幼儿的音乐欣赏水平和音乐表现能力，开阔了幼儿的音乐视野，丰富了幼儿的音乐知识。在动作引导环节，幼儿会受示范的影响，出现动作单一现象，教师要及时引导。

大班音乐欣赏活动：说唱脸谱

《说唱脸谱》是一首京剧与流行音乐相结合的戏歌，借鉴京剧唱腔和旋律，将我国的传统戏曲元素巧妙地融入歌曲之中，使整首歌朗朗上口，亦歌亦戏。

一、活动目标

（1）感受京剧表演中的唱腔和身法，体验京剧的魅力，萌发对京剧表演的喜爱。

（2）尝试京剧表演，用自己的方式大胆表现。

二、活动准备

（1）知识经验准备：教师与幼儿共同收集有关京剧的资料，并了解京剧的四大行当及各种京剧脸谱的代表人物。

（2）物质准备：

① 教师准备材料：制作多媒体课件《说唱脸谱》，京剧《卖水》《铡包拯》视频。

② 幼儿操作材料：四个花篮里放有丝巾若干，塑料圈若干。

三、活动过程

（一）营造京剧的氛围，引用京剧的角色导入，激发幼儿的兴趣

（1）幼儿在京歌《说唱脸谱》音乐伴奏下进入活动室。

（2）教师用京剧四大行当中的"念"的语调向大家问好，与幼儿互动。

（3）引导幼儿讲述有关京剧的已知经验，帮助幼儿了解京剧文化。

小结：京剧是中华民族的国粹，有两百多年的历史，不但受到我国人民的喜爱，也深受外国友人的欢迎，是中国人的骄傲！

（二）运用多种感官，体验花旦和花脸的动作特征

小朋友们，我们一起走进京剧的世界，来领略京剧中人物的风采吧。

（1）欣赏京剧《卖水》选段，学习花旦走路的动作。

小朋友们，花旦是怎样走的？手部的动作是什么样的？

为什么花旦走路这么轻啊？你试试，怎样走才会又快又轻呢？

幼儿尝试表演。（个别表演与团体表演相结合）

小结：花旦走路快如飞，两腿并紧迈小步，一步跟着一步走，挺胸走路真开心。这种步子它还有一个名字叫圆场步，演员进场和出场时会这么走。

（2）欣赏京剧《铡包拯》选段，学习花脸走路的动作。

小朋友们，花脸走路的感觉怎样啊？（神气）

花脸的脚尖和花旦的脚尖有什么区别？为什么？

花脸走路时，手要架起来。

学花脸走路时，腰应当要怎样啊？（挺直）

幼儿尝试表演。（个别表现与团体表现相结合，教师随幼儿动作口奏：匡－采、匡－采……）

小结：花脸走路真神气，勾脚用力向前踢，前脚迈出，后脚跟紧，腰板挺直，两手用力握。古时候当官的人都是这么走的，十分神气！

（三）欣赏京歌《说唱脸谱》，体验京剧表演的乐趣

（1）欣赏京歌《说唱脸谱》。

小朋友们，听了这段音乐，有什么样的感受呀？

小结：这首《说唱脸谱》把唱歌和京剧融合在了一起，我们就把它叫作"京歌"。

（2）再次欣赏京歌，引导幼儿分辨 AB 段。（重点找出 AB 段中间的"间奏"）

这首京歌的演唱分成了前后两部分，你认为哪一段适合"花旦"表演？（个别、团体练习）

那后面一段比较适合由谁来表演呀？（个别、团体练习）

（3）鼓励幼儿创编亮相动作并表演。

（4）幼儿分小组互动学习、交流，分享创编的欢乐。

（5）展示小组成果。

听音乐，每组幼儿分角色展现合作成果。

小结：刚才每个小组的小朋友们不仅能分配好演员主角——有的演花旦，有的演花脸，还能商量好表演的先后顺序。你们的表演真精彩！

四、活动延伸

在理解京歌的基础上，运用生活道具来提升表演经验。

（1）出示丝巾和塑料圈，引导幼儿选择与主角相匹配的道具。

（2）幼儿展示完整的舞台表演。（从候场到演员依次出场，直至演出结束）

五、活动反思

角色体验和分段欣赏的方式可以使幼儿对《说唱脸谱》有完整认识和体验。通过表演等方式，幼儿积极欣赏并展示歌曲，不仅实现了教学目标，达到了较好的教学效果，还培养了幼儿感知力、想象力、创造力，让他们可以在活动中大胆地展示自我。

案例分析

音乐欣赏是一种积极的活动，而不是消极被动的感受，整个欣赏过程应都能吸引幼儿，使他们的思维活跃，情感自然流露，表达形式丰富。在音乐欣赏开始之前，教师可以借助简短、生动的谈话或念诗歌、讲故事、看图片等形式向幼儿介绍作品的名称、主要内容和特点等，使幼儿获得初步印象。器乐曲虽然有鲜明的形象，但幼儿理解起来还有一定困难，因此教师要进行生动、有表情的讲解，引导幼儿有目的地倾听与探究。在听音乐之前，教师要让幼儿明确欣赏目的，要求幼儿安静认真地倾听音乐。案例中，教师在幼儿欣赏音乐前就明确提出要求，让幼儿在欣赏过程中思考：有什么样的感受？并运用多种感官，体验花旦和花脸的动作特征。这就为幼儿的音乐欣赏奠定了初步基础，使他们的欣赏活动有着较强的目的性和方向性，为实现教学目标完成了初步积累。关于活动中的京剧表演部分，教师可以在每次表演后进一步引导，用语言或是自身动作演示，让幼儿的动作有所提升，也更具有美感，更为丰富。在最后延伸环节的集体表演中，幼儿容易出现动作比较随意的现象，教师需要注意提醒幼儿跟着音乐的节奏做动作。

思考题

1. 根据所学知识设计一个小班音乐欣赏活动方案。

2. 根据所学知识设计一个中班音乐欣赏活动方案。

3. 根据所学知识设计一个大班音乐欣赏活动方案。

单元十 幼儿园打击乐活动设计指导与实践

学习目标

1. 了解幼儿园打击乐器的种类。
2. 掌握幼儿园打击乐活动的教学方法。
3. 学会有针对性地为幼儿园打击乐活动设计方案。

主题一 幼儿园打击乐活动的设计与指导

【情境创设】

在一次打击乐活动中，一位教师讲述了大象赶小蚊子的故事（图10-1）。"大象来到树林里休息，小蚊子飞来叮大象，大象用尾巴反复驱赶小蚊子，最后大象生气了，一跺脚，'咚'，巨大的声音把小蚊子吓晕了。"后来，

图 10-1 大象赶小蚊子

教师让幼儿敲击大鼓来模仿大象走路的声音，用蛙鸣筒模仿大象甩尾巴的声音，用串铃来模仿小蚊子扇动翅膀的声音。生动有趣的故事情节和鲜明的小动物形象与模仿声音相结合，幼儿可以在轻松愉悦的角色模拟活动中体验这个情境，模仿能力得到了提升。

打击乐活动是幼儿园音乐教育活动的重要内容之一，它既能够帮助幼儿掌握一些与乐器的有关知识和演奏技能，又能在一定程度上培养他们的节奏感、手眼协调能力、社会合作意识、表现力和创造力。

一、幼儿园常用打击乐器介绍

（一）幼儿园常用打击乐器的类型

不同的乐器有各自的特点，适合演奏不同的音乐作品，因此我们要了解各种乐器的特点。

幼儿园常用打击乐器一般分为以下三类。

（1）金属类乐器：属于高音乐器，声音高亢、明亮，如三角铁、碰铃、大镲等。

（2）木制类乐器：属于中音乐器，声音清脆，如双响筒、木鱼、响板等。

（3）散响类乐器：发出的声音小、散，可以持续演奏长音，如铃鼓、沙球、串铃棒等。

（二）幼儿园常用打击乐器的特性及演奏方法

1、金属类乐器

幼儿园常用的金属类乐器见表 10-1。

表 10-1　幼儿园常用的金属类乐器

金属类乐器及名称	碰铃	三角铁	大镲
特性	音色清脆、柔和，音量高而轻。它既可以表现音乐的强拍，又可以表现弱拍，是幼儿园用的较为普遍的一种乐器	音色接近于碰铃，但音量比碰铃大，延续音比碰铃长	音色响亮，有较长的延续音，在强拍上演奏能产生强烈、刺耳的音响效果
演奏方法	可以双手拿住碰铃的顶端线自然放在胸前敲击。使用时手不能触及铃的部位，否则，声音就会发闷、不清脆；也可以双手拿着碰铃顶端线一手在上，一手在下，使铃的部位相对应，连续敲击	三角铁有两种使用方法：一种是左手提悬挂三角铁的绳子，右手持金属棒敲打三角铁的底边；另一种是在三角铁内，用金属棒快速地敲击左右两边或转圈敲击各边，会产生激烈的音响效果。提绳子的手不能触碰三角铁，否则敲出来的声音没有延长音	大镲有两种使用方法：一种是左右各持一片，相互撞击、摩擦而发音；另一种是将单片悬挂在支架上，右手持鼓槌敲打其边，可以获得另一种音响效果。如果要止住过长的延续音，用手捏住镲的边缘或将镲的边缘触碰前胸即可

2、木质类乐器

幼儿园常用的木质类乐器见表 10-2。

表 10-2　幼儿园常用的木质类乐器

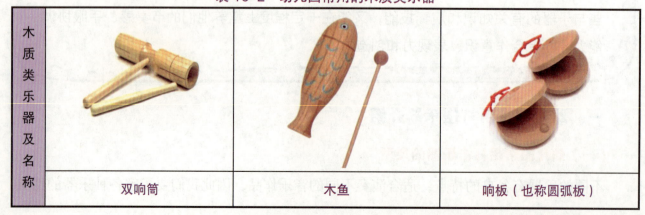

木质类乐器及名称	双响筒	木鱼	响板（也称圆弧板）

续表

	音色干脆而清亮，没有延续音。通常用来模拟马蹄声。敲击双响筒由节分开的两端会发出不同高低的音响，一般两个音之间通常相差约五度	音色清脆而圆润，与双响筒的音色相近	音色清脆而圆润
特性			
演奏方法	左手持柄、右手持棒敲击，可以敲击筒的一端，也可交替敲击筒的两端，发出类似于"的笃""的笃"的马蹄声。（双响筒分高低音，在进行打击乐演奏之前，教师可以先帮助幼儿弄清楚高低音，最好做上标记，这样幼儿敲出来的声音才会一致）	左手持"鱼的尾部"、右手持棒按节奏敲打"鱼头"的顶部	响板有两种使用方法：一种是右手或双手的中指套上松紧带，靠中指和拇指的捏合使两板相击而发出声音；另一种是将响板放在左手手心中，用整个左手的手掌相击而发出声音。后一种方法比较适合年龄较小的幼儿

补充材料

　　鼓是用皮革蒙在筒状的共鸣箱上，通过鼓槌敲击引起的振动而发音的一种乐器，如图10-2所示。其音色低沉，音量较大，是幼儿园常用的打击乐器之一。大鼓用在强拍上，可用力击打，造成一种强烈渲染的气氛；用在弱拍上，可轻轻击打，会产生柔和而绵长的音响。击鼓时，手臂放松，手腕有力而富有弹性地敲击。敲击鼓心时，会产生浓厚的音色且有较长的延续尾音；敲击鼓边时，则音色脆、硬而单薄，延续音较短。

图10-2 鼓

3. 散响类乐器

幼儿园常用的散响类乐器见表10-3。

表10-3 幼儿园常用的散响类乐器

散响类乐器及名称	铃鼓	串铃	沙球
特性	兼有鼓和铃两种音色的特点	通过敲击、抖动或摇晃引起的振动而发音。分别在音乐的强拍或弱拍上使用	音色轻柔而干脆

演奏方法	铃鼓有多种使用方法：用手掌击鼓心，其音色柔和；用手掌击鼓边，其音色明朗干脆；用鼓面击身体部位（如肩、肘、膝等），则铃的声音较明显；用手腕连续抖动，则会产生延续音的效果	可以一只手一个串铃自然抖动、摇晃；也可以右手握铃在左手心中敲击	双手各持一个沙球，用手臂带动手腕上下振动。两手可以同时进行，也可轮换进行

二、幼儿打击乐能力的发展特点

（1）小班：3岁的幼儿逐步掌握了一些主要依靠大肌肉群控制打击乐器的方法，比较容易的是铃鼓和串铃的演奏。幼儿在入园初期，随音乐演奏的意识和能力都较差，这个阶段的幼儿演奏经验很少，多数不能基本合拍地随音乐演奏，而且有的幼儿只顾玩弄乐器而忘记演奏的要求。绝大多数3岁的幼儿可以做到基本合拍地随音乐演奏，也已经初步具备了随音乐演奏的意识。

（2）中班：4岁以后的幼儿能模仿教师的演奏方法，认识和会使用的打击乐器增多，并能够合作演奏。这个时期的幼儿开始探索同一种打击乐器不同的演奏方法，如铃鼓的晃、摇，沙球的振、击等。在演奏乐器的过程中，幼儿对于乐器的音色、力度、速度的调整和控制能力也有所提高，随乐器演奏意识能力也有了很大的增强。他们在打击乐演奏活动中理解指挥的能力也有所发展，初步形成了合作协调地随音乐演奏的能力。

（3）大班：5岁以后的幼儿可以使用和掌握的打击乐器种类更多，随音乐演奏的能力也更强了。他们能够使用一些由小肌肉群控制的乐器，如三角铁、双响筒等。随着年龄的增长，幼儿逐渐将以前敲打乐器的兴趣转向合作协调随音乐演奏的兴趣。在演奏的过程中，他们也更加注意调整自己的演奏方式，有意识地控制适当的音量和音色。在经过小班、中班的系统教育和熏陶后，这个时期的幼儿具备了一定的音乐素质。在节奏乐活动中，他们能够通过对音乐、乐器的直接感知，以及教师合理有效的调控手段，表现出丰富的感受力和创造力。

三、幼儿园打击乐活动的方案设计

幼儿园打击乐活动的方案设计见表10-4。

表10-4 幼儿园打击乐活动的方案设计

实施步骤	活动内容	教师任务
确定活动名称	打击乐器的演奏	研究幼儿需求、确定主题
确定活动目标	对活动提出的期望。书写要体现认知、情感态度、行为技能等方面的目标	整合课程、查找资源，确定本次活动的学科目标

续表

实施步骤	活动内容	教师任务
活动准备	经验准备：幼儿自身认知，教师相关知识经验	物质准备：工具、材料、环境、语言
活动过程	导入：游戏法、谈话法。故事讲述、谜语、图片、视频、律动等方式	创设情境、导入活动，激发幼儿参与活动的兴趣
	活动指导：引导、先整体后部分教学	教师引导幼儿主动积极参与活动，以实现活动目标。既提高幼儿活动参与度，又提出希望和延伸内容
	小结	总结幼儿打击乐演奏中的情况，如幼儿在打击乐演奏中是否能够随指挥进行演奏
活动评价（反思）	幼儿互相评价、教师评价、课后反思、家长参与评价	本次活动的目标是否达到；对活动过程评价，是否兼顾全体和幼儿个体的参与；活动形式是否有利于幼儿目标掌握等
活动拓展	语言区、美工区、表演区、音乐活动	引导、拓展、提升活动的广度、深度

四、幼儿打击乐活动的教学方法及教学程序

幼儿园打击乐活动的教学方法有总谱法、指挥法和创作法三种。

（一）幼儿园打击乐活动的教学方法

1. 总谱法

总谱法是打击乐活动中常用的教学方法之一，它是通过使用幼儿可以接受的"变通总谱"来帮助幼儿掌握作品整体音响结构的方法。

"变通总谱"是针对通用标准总谱（一般幼儿园常用简谱）来讲的。这一阶段的幼儿在演奏过程中还不会看标准总谱。教师可以设计一些他们能够理解的直观形式的乐谱，主要分为"动作总谱""图形总谱""语音总谱"三大类。

图 10-3 所示为《大猫小猫》的打击乐活动的变通总谱，包含动作总谱和图形总谱。

（1）"动作总谱"主要通过身体动作（如拍手、拍肩、拍腿、踩脚）来表现节奏、音色、速度、力度变化及配器的记谱法。图 10-4 所示为《大猫小猫》第一段动作总谱。

《大猫小猫》
动作总谱演奏示范

大猫小猫

汪爱丽 词曲

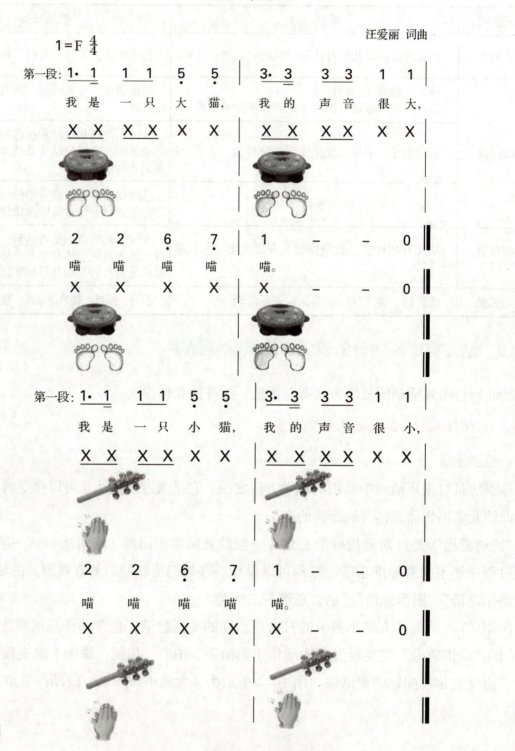

$1=F$ $\frac{4}{4}$

第一段: 1· 1　1 1　5　5 ｜ 3· 3　3 3　1　1 ｜

我　是　一 只　大　猫，　我　的　声 音　很　大，

X X　X X　X　X ｜ X X　X X　X　X ｜

2　2　6　7 ｜ 1　—　—　0 ‖

喵　喵　喵　喵　喵。

X　X　X　X ｜ X　—　—　0 ‖

第一段: 1· 1　1 1　5　5 ｜ 3· 3　3 3　1　1 ｜

我　是　一 只　小　猫，　我　的　声 音　很　小，

X X　X X　X　X ｜ X X　X X　X　X ｜

2　2　6　7 ｜ 1　—　—　0 ‖

喵　喵　喵　喵　喵。

X　X　X　X ｜ X　—　—　0 ‖

图 10–3　《大猫小猫》变通总谱

170

大猫小猫

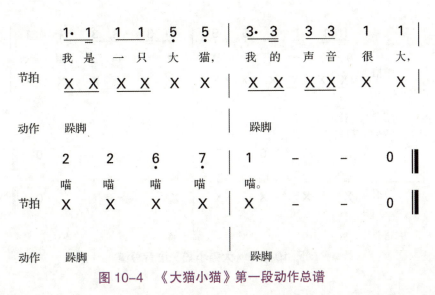

图 10-4 《大猫小猫》第一段动作总谱

（2）"图形总谱"是通过图形来表现节奏、音色、速度、力度变化及配器的记谱法，如图 10-5 所示。

（3）"语音总谱"是通过语言指挥来表现节奏、音色、速度、力度变化及配器的记谱法，如图 10-6 所示。

大猫小猫

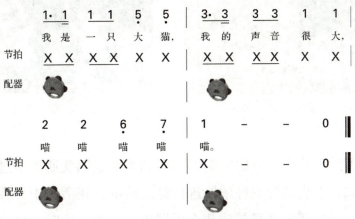

《大猫小猫》图形总谱演奏示范

图 10-5 《大猫小猫》图形总谱

大猫小猫

$1 = F$ $\frac{4}{4}$

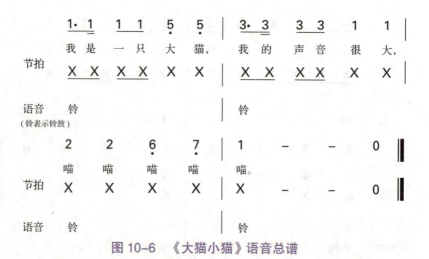

图 10-6 《大猫小猫》语音总谱

2. 指挥法

指挥法是打击乐整体教学法中最基础的教学方法。教师不但可以通过指挥动作来帮助幼儿掌握乐曲的整体音响结构（图 10-7），还可以让幼儿通过轮流指挥的练习活动不断深入地掌握（感受—探索）乐曲的整体音响结构，如图 10-8 所示。

图 10-7 教师指挥幼儿演奏

图 10-8 幼儿轮流指挥演奏

3. 创作法

创作法是通过引导幼儿制订乐曲的配器方案和参加编制变通乐谱过程来帮助幼儿掌握乐曲的曲式结构。例如，事先选择三种乐器进行打击演奏，在活动中，教师先让幼儿反复练习演奏后，再引导他们探讨还能选择其他什么乐器进行演奏。同时，也启发了他们讨论乐曲中有几种节奏型，每种节奏型适合用哪种乐器演奏等。教师在幼儿完全掌握乐曲结构的基础上，引导他们创编不同的图形谱，如图 10-9 所示。

图 10-9　引导幼儿自己创编不同的图形谱

（二）幼儿园打击乐的教学程序

（1）导入，引起幼儿的兴趣。

（2）欣赏或进行简单的节奏活动，初步感知主旋律的情绪、风格和基本节拍。例如，在打击乐《土耳其进行曲》的活动中，教师先让幼儿聆听乐曲，感受乐曲的节奏特点、曲式结构；然后通过故事讲述、谈话等方式，理解乐曲中所表现的内容与意义，如土耳其军队由远及近，在军民同欢后又由近及远的场景表现；最后在理解的基础上再次倾听音乐，感受乐曲雄壮有力的节奏特点，为幼儿更好地表现乐曲、演奏乐曲打下良好的基础。

（3）模仿学习或创编总谱，适合幼儿演奏（小班先从模仿开始）。进一步把握乐曲中音响效果与谱调的组合及配器的运用。

（4）在熟练掌握总谱的基础上，进行分声部节奏练习。例如，将其他具有伴奏性质的声部——加入，或者等先整体后分部的程序掌握后，再加入独奏声部。

（5）个别幼儿指挥，集体练习。教师应鼓励每个担任指挥者的幼儿，根据自己的情况适当地改变原定的练习方案。

（6）教师指挥幼儿进入多声部乐器演奏练习。进入多声部乐器演奏后，每次改变方案后，教师一定要引导全体幼儿注意倾听，比较整体音响在结构和情趣上发生了什么变化。

（7）改进的练习。根据需要将合适的乐器逐步加到乐队中去。每发生一种变化，教师都应引导幼儿倾听、比较整体音响在结构和情趣上发生了哪种变化。（这个程序在活动中可以省略）

小班打击乐活动：大猫小猫

一、活动目标

（1）感受音乐的强弱变化，初步根据图谱为乐曲进行简单的伴奏。

（2）尝试通过倾听学习大猫小猫的声音来表现音乐的强弱变化。

（3）喜欢演奏打击乐器，体验演奏打击乐器的乐趣。

大猫小猫

二、活动准备

（1）准备画着大猫小猫的图片一张，大猫小猫的图谱一份，猫爸爸、猫妈妈头饰。

（2）将幼儿分成两组（可按男生、女生分组），准备铃鼓、串铃若干，大鼓、碰铃各一个。

（3）音乐《大猫小猫》。

三、活动过程

1. 情境导入，熟悉歌曲

"从前有两只猫，一只大猫，喵、喵、喵、喵、喵（音量大一些）；一只小猫，喵、喵、喵、喵、喵（音量小一些）。有一天啊它们出来玩……"（播放音乐，让幼儿熟悉歌曲）

2. 出示图谱，练习节奏

师："看，这里有很多脚印，这是谁的脚印？"（大猫或小猫，教师贴上大猫小猫图片）

师："你们知道这些脚印放在这里有什么用吗？"（大猫小猫也想给歌曲伴奏）

师："用我们的小手为歌曲伴奏，记住一个脚印拍一下。"配上动作，再次熟悉歌曲旋律。大猫踩脚，小猫拍手。

3. 幼儿使用打击乐器演奏乐器

（1）师："有两样乐器也来了，它们想为大猫、小猫伴奏。那么谁为大猫伴奏合适？谁为小猫伴奏合适呢？"（分析：教师展示的两种乐器分别是铃鼓和串铃，幼儿很快就为大猫选择了铃鼓，为小猫选择了串铃，并一致通过。幼儿分成两组，一组演奏铃鼓，一组演奏串铃，在教师的指挥下初步练习演奏。提醒幼儿遵守演奏的规则）

（2）师："现在我们看着图谱，用乐器来演奏一次。"分发乐器。

师："你是乐器的小主人，你要管好自己的乐器。"演奏一次。

（3）游戏"换乐器"。

师："我们来交换乐器演奏一遍吧！"交换乐器，大猫与小猫交换乐器，看指挥，演奏一遍。（分析：设置这个环节的目的是为了让每个幼儿都能使用不同的乐器给大猫、小猫伴奏。全面地考虑了乐器的使用、音乐强弱的表现，达到活动预设的目标。）

4.加入新乐器

（1）猫爸爸和猫妈妈来了。

师："小猫们演奏得太好听了，把猫爸爸和猫妈妈也引来了。猫爸爸带来了大鼓，猫妈妈带来了碰铃，它们想和你们一起演奏。"

（2）分配乐器。

师："大鼓的声音大吗？（大）大猫的声音也很大，请大鼓为大猫伴奏。碰铃的声音怎么样？（小）小猫的声音很小，让碰铃为小猫伴奏。"

师："我们一起来为大猫小猫伴奏。"

（3）幼儿扮演猫爸爸和猫妈妈演奏。师："现在我要请小朋友来扮演猫爸爸和猫妈妈。"

师："小朋友们太棒了，我们去演奏给其他小朋友听一听吧！"幼儿听着音乐出场。

1.简述幼儿园常用打击乐器及其分类。

2.结合所学知识，编写幼儿园打击乐活动图谱。

主题二　幼儿园打击乐活动的组织实施

大班打击乐活动：加油干

配器：

铃鼓、碰铃、大鼓、镲。

一、活动目标

（1）感知"加油干"简短有力的节奏特点，体验歌曲中"嗬嘿"的气势。

（2）探索打击乐的配器方案，集中注意与同伴一起看指挥演奏。

（3）发展幼儿的分析能力与自我评价能力。

（4）体验演奏活动中合作的乐趣。

二、活动准备

（一）物质准备

《加油干》音乐，打击乐图谱、碰铃、铃鼓、大鼓、镲。

（二）经验准备

幼儿已经了解本节课所用的打击乐器，并对节奏有所认识。

三、活动过程

（一）播放《加油干》音乐，创设劳动情境

"小朋友，地里的红萝卜成熟了，农民伯伯正在拔萝卜，我们一起拉着大车到地里去拔萝卜吧。哇！小朋友真能干，拔了这么多红萝卜。大家都很累了，我们一起找到座位休息一下吧。"

（二）回忆歌曲的风格，熟悉歌曲节奏

1. 让幼儿回忆歌曲的风格

教师：小朋友们，还记得刚才那首歌曲的名字叫什么吗？

这首歌曲是在什么时候唱的？

在唱"加油干呀么……"时，我们应该怎样唱？

在唱"我们大家加油干……"时又该怎样唱？

小结：在干重活时应该唱得慢一些，在高兴的时候应该唱得轻快一些。

2. 出示节奏图谱，熟悉歌曲节奏

教师:刚才老师拍的节奏是这样的，请小朋友用身体打节奏，记住哪里要重一点，哪里要轻一点，在"嗬嘿"这里大家一起唱。

（三）出示打击乐谱并讲解

教师：今天我为你们带来了一件礼物，想不想知道是什么？

教师：这是乐曲《加油干》的打击乐图谱，有了它，我们就知道怎样用乐器来演奏了。现在来看看图谱都有哪几种乐器。（碰铃和铃鼓）

（四）根据图谱练习

1. 第一阶段练习

教师：请小朋友们拿出碰铃，一起来跟随老师演奏。反复多次练习。

教师：请小朋友们拿出铃鼓，一起来边听音乐边跟随老师演奏。反复多次练习。

分析评价：由于之前幼儿对乐器已经熟悉，此处减少了乐器介绍的时间。但是需要老师在乐器演奏进行中用语言加强指导。

加油干

革命历史民歌

2. 第二阶段练习

教师将铃鼓和碰铃分组分配给幼儿，然后协调演奏。

3. 累加乐器

教师：看，老师带来了什么？（大鼓和镲）试一试把它在"嗬嘿"地方加进去，听听这首歌变得怎么样？（完整演奏，并且录音）。

评价：播放录音，让幼儿自己听一听哪种乐器演奏出的乐曲更好听。

教师：与刚才的乐器相比，哪种演奏方式更好？

四、效果分析与反思

在第一次完整演奏时，发现两个问题：第一，幼儿的铃鼓在摇晃时位置不一致。针对此情况，教师让幼儿进行重点难点练习，要求幼儿让铃鼓在胸前摇晃，让幼儿练习两遍，基本没有问题。第二，在乐曲后半句的配乐上存在配合不整齐的现象。针对此情况，教师提出要求，让幼儿认真听、看老师指读图谱，再次指导幼儿跟随教师演奏一次。

在第三次完整演奏中再次发现问题，幼儿表演的节奏没有错，衔接得也妥当，但是在某组幼儿演奏时，其他幼儿面无表情，不知道该做什么。针对此情况，教师再次提出要求："我们现在都是小演员，你的小乐器在不演奏的时候，也要微笑着随着音乐一起摇摆，虽然你的小乐器不演奏，但是要把最美的微笑表现出来。"可以找几个表情比较到位的幼儿到前面做示范。经过此环节，再次进行完整演奏时，教师可以将幼儿的表演录下来。这样，幼儿可以更直观地看到自己的表现。

五、结束部分

教师：刚才小朋友们表演的时候，我帮你们录下来了，你们想不想看看自己的表现呢？

自我评价：观看完毕后，请幼儿进行自我评价。

通过尝试发现，给幼儿自我评价和分析的机会是十分必要的，大班幼儿已具有自我评价和分析能力，幼儿能说出很多甚至是教师都想不到的问题，而且他们进行自我评价后，能够找出问题并说出解决方法，之后再进行练习时，幼儿几乎不会再犯同类错误了。这样看来，幼儿的自我评价要比教师的评价效果更佳。所以，今后在设计活动过程中更多地加入幼儿自我评价的环节，让幼儿自我评价和分析的能力得到更好的发展。

在欢乐的气氛中结束本次活动。在这次活动中，观看录像的环节给了幼儿自我评价的机会，让他们能够说出"某某小朋友笑得漂亮""在铃鼓组表演的时候我们的碰铃没有出声音"等。通过此次活动，幼儿不但学会了看打击乐图谱为乐曲伴奏，并且能在演奏中控制自己的乐器，协调配合地进行打击乐演奏，而且自我评价能力和分析的能力也得到了明显的提高，还能充分体验合作表演带来的乐趣。

中班打击乐活动：哈哈笑

配器：

●——响板；▼——双响筒。

一、活动目标

（1）跟随音乐、结构及教师指挥动作的指示能够基本正确地完成演奏。

（2）学习根据图谱提示做相应动作。在教师的带领下复习之前学过的哈哈笑舞蹈，教师将幼儿分组，一组幼儿打节奏乐，另一组跳舞。

（3）演奏整齐和谐，注意配合集体的速度和力度。

二、活动准备

（一）物质准备

《哈哈笑》音乐，打击乐图谱（图10-10），响板、双响筒以及录音设备和录像设备。

哈哈笑

1=D 4/4　　　　　　　　　　　　　　　　　　　　　　　　佚名　词曲

（图谱 略）

注：●响板　▼双响筒

图10-10　《哈哈笑》打击乐图谱

（二）知识准备

熟悉歌曲《哈哈笑》。

三、活动过程

（一）展示打击乐图谱并讲解

教师先播放《哈哈笑》的音乐，这时有的幼儿可能想起之前的舞蹈动作，而有的幼儿则在唱这首歌。

师：小朋友们，这首歌你们熟悉吗？我们今天给这首歌包装一下好吗？

（二）根据图谱练习

1. 第一阶段练习

师：请小朋友把响板拿出来，跟着我演奏。

● × × × × ｜ × × × — ｜

师：请小朋友拿出双响筒，一起来边听音乐边跟随教师演奏。

反复练习。

▼ × × × × ｜ × × × — ｜

反复练习。

分析评价：响板是打击乐里最基础的乐器之一，掌握起来很简单，幼儿在经过几次练习后很容易上手。另外，双响筒是需要两只手配合的，幼儿在学习时，总会有人快有人慢，但是经过几次练习后能够掌握。

使用单一乐器完整演奏，并且录音。

2. 第二阶段练习

跟随音乐模仿教师用示范带领的动作总谱。根据幼儿的熟练情况练习 2~3 次。

观看教师指图谱的动作，自己跟随音乐做动作练习 2 次。

师：小朋友们很棒啊！这么快就学会看图谱了，接下来我们要分成两组，然后演奏出动听的音乐。

教师用"总谱动作"指挥幼儿分成两组拿乐器，一组拿双响筒，一组拿响板练习 2 次。

教师指挥幼儿完成乐曲练习 2 次。

师：谁愿意当小小指挥员来前面指挥大家奏出动听的音乐？（鼓励幼儿自愿指挥）

分组的乐器演奏，并且录音、录像。

提出之前学的舞蹈可以拿出 2~3 个动作复习一下，加入音乐中，然后分组，其中一组幼儿演奏音乐，另一组幼儿在前面跳舞。

四、效果分析与反思

虽然我们班的幼儿已对《哈哈笑》比较熟悉，但是进行打击乐练习还是有一定难度的。乐曲节奏较简单，但到第二阶段两种打击乐配合的时候就加大难度了。针对这种情况，可以创编适合此年龄段的节奏乐图谱，便于幼儿理解、记忆和掌握节奏了。在学习的过程中，教师总结了几点：①根据幼儿的兴趣出发设计并开展活动；

②活动设计层次清晰、难度递进；③加强幼儿自我管理能力的培养。

五、结束部分

本节课在幼儿的欢声笑语中结束了。中班的幼儿经过小班的艺术熏陶，已经有一些音乐概念了。在最后一个环节，教师让自告奋勇的幼儿上前指挥，这名幼儿如有一种身负重任的感觉，感觉自己就要成为小指挥家了。这样的感觉对于幼儿教育来说是重要的，因为我们在培养幼儿的勇敢、自信。同时，他也给其他的小朋友做了好的榜样，而且这样的榜样教学幼儿很喜欢，都争着下回也要去指挥。

小班打击乐活动：大雨小雨

配器：

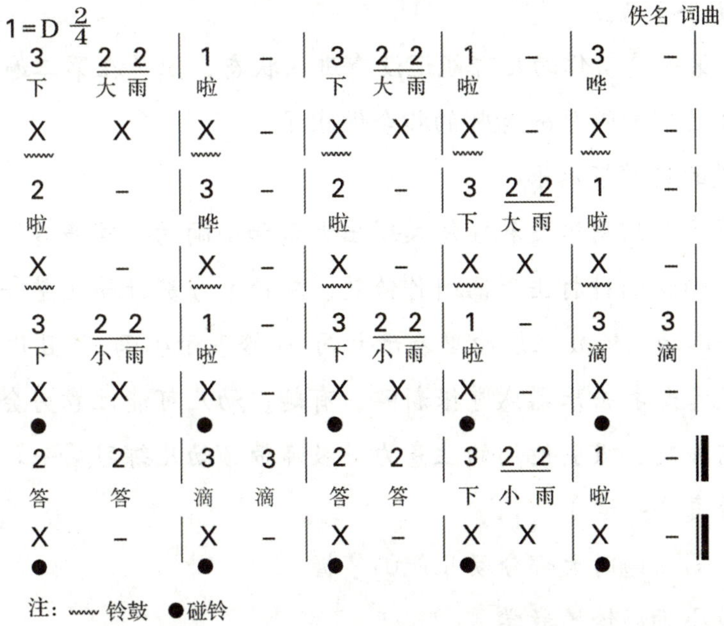

~~~~——铃鼓；　●——碰铃。

一、活动目标

（1）幼儿能够用大小不同的歌声，以及跺脚、拍手的动作来表现大雨、小雨。

（2）幼儿熟练跺脚和拍手后能够用铃鼓和碰铃来表现大雨、小雨。

（3）在用节奏乐的时候能分辨是轻轻敲击碰铃还是大力摇动铃鼓。

二、活动准备

《大雨小雨》音乐、下雨的图片，打击乐图谱（图10-11），铃鼓、碰铃，以及录音设备和录像设备。

大雨小雨

1=D 2/4　　　　　　　　　　　　　　　　　　　佚名 词曲

3	2 2	1	-	3	2 2	1	-	3	-
下	大雨	啦		下	大雨	啦		哗	
X	X	X	-	X	X	X	-	X	-

2	-	3	-	2	-	3	2 2	1	
啦		哗		啦		下	大雨	啦	
X	-	X	-	X	-	X	X	X	

3	2 2	1	-	3	2 2	1	-	3	3
下	小雨	啦		下	小雨	啦		滴	滴
X		X		X		X		X	
●		●		●		●		●	

2	2	3	3	2	2	3	2 2	1	-
答	答	滴	滴	答	答	下	小雨	啦	
X	-	X	-	X	-	X	X	X	-
●		●		●		●		●	

注：~~~~ 铃鼓　●碰铃

图10-11　《大雨小雨》打击乐图谱

三、活动过程

教师打开屏幕，上面显示的是小雨的图片。

大雨小雨

师：小朋友们看看屏幕，这是什么啊？

幼：下雨啦，小兔子打着伞！

打开第二张图片，上面是大雨加雷电的情景。

师：再看看第二张图片，这里除了雨，还有什么呢？

幼：哇！雨大了，还有雷，小熊的伞都被刮反了。

此时教师打开第三张图片，上面是两张图，一张大雨，一张小雨。

师：哪位小朋友说一下这两张图片有什么区别？

幼：在小兔子那张图中，雨是直着下来的，雨点很小。在小熊那张图中，雨下大了，雨点是斜着的！

师：嗯，小朋友观察得很仔细，第一张图片比第二张图片雨下得小。第一张是小雨的图片，第二张是大雨的图片。今天，我也给你们带来了一首关于下雨的歌曲，名字叫《大雨小雨》。

教师打开大雨小雨的第一张节奏图谱，上面的节奏谱是脚丫和拍手。

师：下面我们一起跟随音乐感受大雨和小雨分别是什么样子的。小朋友们看图片，画脚丫的地方我们就踩脚，画手掌的地方我们就拍手。

1. 第一阶段的教学节奏乐

教师边继续唱歌词边带领幼儿随节奏乐做前面创编出的踩脚是大雨、拍手是小雨的动作，重复2~3遍。

分析评价：第一遍动作幼儿可能还没有进入状态，但是在第二遍动作就好一点，第三遍动作幼儿已经能够跟随老师的指令做出了。

2. 第二阶段的教学节奏乐

教师教授幼儿如何用铃鼓和碰铃表现出大雨和小雨的不同声音。

教师首先介绍这两种打击乐器叫作铃鼓、碰铃。分别让幼儿敲一敲它们，听听发出的声音。告诉幼儿铃鼓在乐曲里表示大雨，碰铃表示小雨，并且用第一句做示范。

此时，幼儿拿起打击乐器感觉很新鲜、有趣。幼儿可能注意力会不集中，此时教师要把控语言技巧，吸引他们的注意力。教师带领幼儿练习第一段：我们要开始下大雨啦！（重复2~3遍）

分析评价：第三遍时大部分幼儿能够掌握。

开始第二段小雨碰铃的教学。

分析评价：幼儿总体能够跟上进度。

教师边范唱边带领幼儿随音乐开始第一段加第二段的分组教学。

四、效果分析与反思

小班幼儿之前经常做拍手和跺脚的节奏乐练习，在第一次接触打击乐器时会感觉有趣，但是教学时间不宜过长，否则他们的注意力就会分散，因为幼儿的注意力通常只能集中 5~15 分钟。在小雨组幼儿等待时，情况有些混乱，发现这种情况后教师让小雨组幼儿跟着老师唱出歌词，情况有所好转。另外，大雨与小雨的衔接处不是所有幼儿都能反应过来的。

五、结束部分

小班在第二学期开展此教学活动比较合适，在接触打击乐之前要让幼儿体验节奏训练的乐感。

如果直接使用乐器演奏，则达不到教学效果。本节课是在幼儿已经能够用手和脚交换演奏图谱后的第二学期开始学习的，所以教学效果很好。幼儿越早接触节奏乐教学，对他们的思维发展、动作协调就越有帮助。

思考题

自选题目制定一个幼儿园打击乐活动方案。

参考文献

［1］张琳. 幼儿园教育活动设计与实践［M］. 北京：高等教育出版社，2010.

［2］许大梅. 学前儿童艺术教育（美术）［M］. 北京：高等教育出版社，2014.

［3］万中. 幼儿美术教育［M］. 海口：南海出版公司，2009.

［4］张晓红，徐志国. 幼儿艺术美术教育与活动指导［M］. 南京：江苏凤凰教育出版社，2013.

［5］郭亦勤，王麟. 学前儿童艺术教育活动指导［M］. 上海：复旦大学出版社，2014.

［6］李丽娥. 幼儿园活动教程［M］. 北京：高等教育出版社，2015.

［7］朴红梅. 舞蹈与幼儿舞蹈创编［M］. 北京：高等教育出版社，2014.

［8］李倩. 幼儿歌曲弹唱教程［M］. 北京：高等教育出版社，2009.